屌特哥北美研究生
讲科学的道理

申请方 著

中国青年出版社

前言：留学与时代

"留学"这个词，和时代息息相关。

最早的留学生，是在历史上那个繁荣的唐朝，日本政府为了学习中国的先进文化，向中国派出的跟着遣唐使一起来华、停留时间相对较长的日本人群体。所以这里大概有个感觉，在一个时代，有国家的划分，有交流，有比较，有"落后"，有"先进"，所以有了"留学"，有了"留学生"。

历史在"先进"与"落后"的交错中前行。

19世纪的鸦片战争惊醒了沉睡中的晚清，让我们的国家有了危机感，我们由"先进"变为"落后"，这已经是一个结论。洋务运动时期，有志于变革的清政府洋务派向外国开始分批派遣留学生，志在"以夷制夷"，"中体西用"。这批人大部分留学结束后回到国内，成为了近代中国建设的一批栋梁。

随后伴随着重要的历史事件，诸如中日甲午战争、辛亥革命与五四运动，"先进"与"落后"众人皆知，兴起了一次又一次的留学潮。这时期的留学生对于中国的政治、经济、军事、文化等各方面的发展都做出了重要的贡献。新中国建立之后自力更生的系列成就，很多也和这段历史息息相关。

改革开放之后,"先进"与"落后"依旧分明,新的时期,"向外界学发展"重回人们的视野。再次兴起的留学潮,与支持中国现代化建设的目标紧密结合。

进入21世纪,全球化时代来临,和平时期的中国依靠几十年的积累有了长足的发展,"先进"与"落后"的差距正在越来越小。经济的发展带来了人们收入和生活水平的提高,大家的视野越来越宽,需求也越来越多元化,"留学"作为承载现代教育理念的一种功能化的手段,正逐渐而全面地走进我们的视野,走入我们的家庭,走到我们的身边。留学的形式也愈发的多样化,不再限于对学位的攻读。参与的主体也越来越多,教育交流以及文化交流的意义越来越明显。"留学"的个体化、现实化与生活化的感受越来越强,而"留学"之于群体、历史与时代的意义越来越隐于身后,却也从未走远。

时至今日,"先进"与"落后"的界限越来越模糊,模仿和追赶逐渐淡出,创新和引领也被越来越多的提及。大家各成体系,各具特色。交流被需要,"留学"也在持续。谁是留学的目的地,谁又引领教育的标准,也将会有新的变化。每一个时代都会赋予"留学"不同的意义,当下的人们也会给予"留学"自己的解读。

经历了过去的几百年,希望历史可以真正教会我们"不盲目自大、不闭关锁国、放眼看世界、敢为天下先"的精神。

ApplySquare(申请方)创始人及CEO 王刚

罢特序言

各位好，我是罢特，一个严谨而不苟言笑的知识分子。作为生在红旗下，长在春风里的一代，时代让我体验了变革的力量，也赋予了我感观世界的机会。

如果说部分前辈的青春在上山下乡的过程中得到了升华，那么21世纪的留学浪潮就是对20世纪八九十年代生人的精神洗礼。这些即将面对中年危机的社会栋梁，也曾在风华正茂的时候，经历过怀揣梦想的喜悦，体验过现实生活的起伏，困惑于感情世界的纠结。

编纂这本漫画，仅希望结合个人所见与众家之长，用幽默简洁的方式将经验分享给有需要的人，让前人踩过的坑、趟过的水，成为后人的坦途。假使有一位"携经天纬地之才，赋震古烁今之气"的少年阅览于此，便已意义非凡。

手握offer穿秋水，海外天地把人邀。
自比圣贤苦中乐，戏谑隔壁读博妙。
囊中羞涩心有余，欣美同侪代购包。
留学之路君莫怕，自有罢特来白话。

目 录

毕业 / 001
01 留学的信念 / 005
02 认识自己 / 013
03 专业的选择 / 021
04 Master 与 Ph.D. / 039
05 选校——美国 / 049
06 同飞 / 063
07 录取的流程 / 071
08 申请的硬指标 / 081
09 英语学习的秘密 / 095
10 背景的提升 / 109
11 套磁 / 121
12 文书 / 131
13 助学金 / 143
14 美国签证 / 151
15 买车 / 165
16 打工 / 177

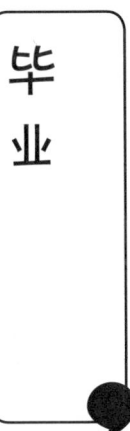

毕业

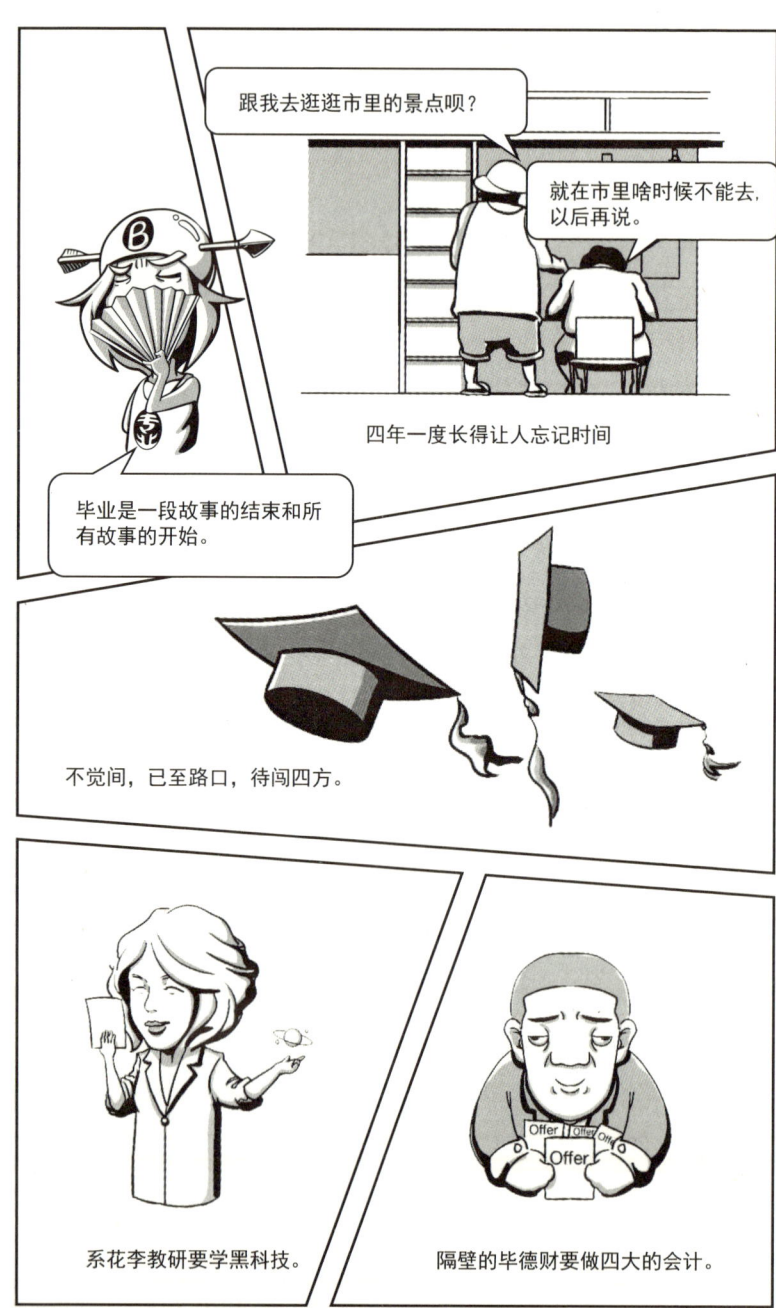

01

留学的信念

留学的信念

说起出国留学，对于现在的大学生乃至高中生可能都不会陌生。据教育部统计，从1978年到2015年底，我国各类出国留学人员累计达到404.21万人。

而在中国众多的留学生中，有很大一部分选择了留学美国。

根据美国2016年《门户开放报告》公布的数据，截止到2016年11月，中国在美留学生总数为32.85万人，相比2014-2015年增长了24507人，增长率为8.1%。

International Students: Leading Places of Origin, Institute of International Education, URL: http://www.iie.org/Research-and-Publications/Open-Doors/Data/International-Students/Leading-Places-of-Origin#.WE6EqaJ96Rs

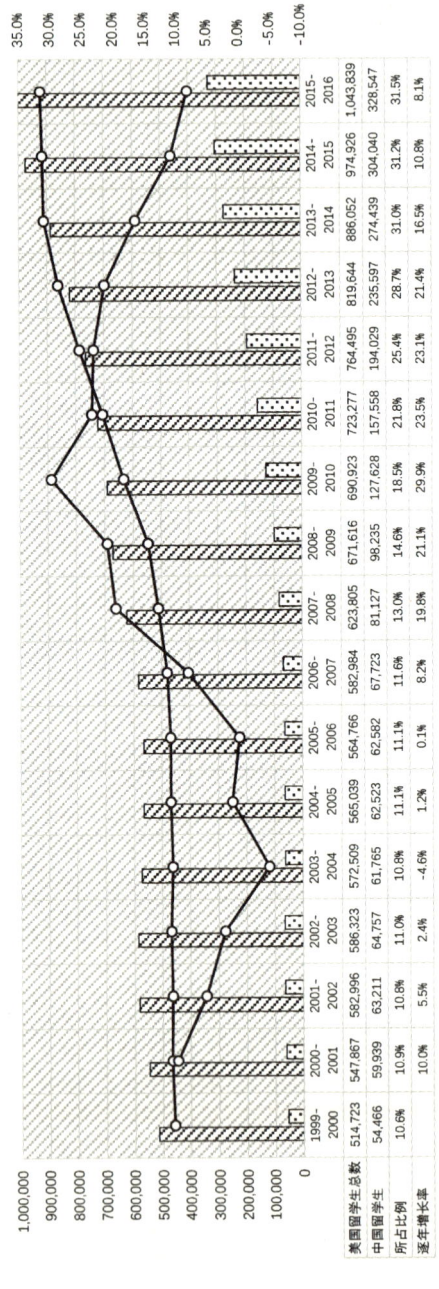

2000-2016年
中国在美国留学人数及增长情况

为什么有这么多人要选择出国留学？想必每个人都有自己的理由：有的是因为国外优质的教学质量，有的是因为喜欢相对自由的环境，有的是想通过读书进而移民，有的是想出去看看，开拓下视野。

但不论是什么原因促使你选择出国这条路，重要的是在留学过程中，你得到了什么。留学的信念，换句话说就是你觉得"留学可以带给你什么"。虽然这里并没有什么标准答案，但是可以确定的是留学绝不仅仅是上课念书。留学能带给你的也绝不仅仅是一纸文凭，或者语言能力的提高，而更多的是一段经历，一种把你放到任何环境——孤独无依、语言不通——依旧可以生存下去并且拥有生活喜乐的能力和勇气，这就已经足以受用终身了。

如果说还有什么其他的收获，那恐怕就是一种平静而成熟的心态吧，一种名车豪宅也无法动摇我们每日挤着地铁去追逐平凡梦想的心态。

前者令我们强大，后者使我们幸福。

或许在准备留学的无数个日日夜夜里，你曾不断地问自己：到底要不要留学，留学是不是浪费？其实，就好像有人热爱登山，也许归来后对旁人评价起山上的风景也只是简简单单一句"不过如此"，但是他见到的却是其他人终其一生未曾见到的。留学也是一样，也许读万卷书行万里路后，你会对身边的人说"还是家乡最好"。然而，你心中的那些风景和珍宝，其他人终其一生也无法体会和拥有。

而留学究竟能够带给你什么，则需要你自己去见证。每个人经历不同，也收获不同。我们相信，留学只是一个开始，留学之后的未来该如何规划才是你需要认真思考并付诸行动的。

不过现在，还是先让我们带你从头开始，看看到底如何走上赴美留学这条路吧。

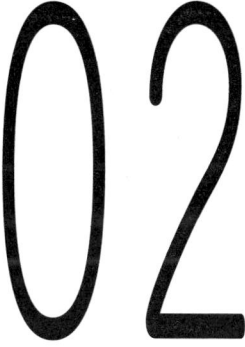

认识自己

所以现在越来越多的人在入选之前都去咨一发。职业咨询的一般套路都是让你做个性格测试。

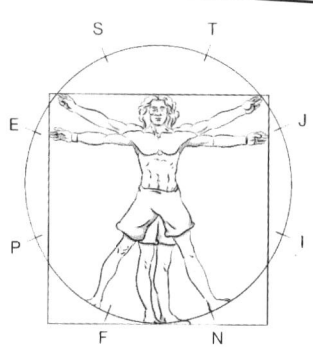

从这4对指标中各挑出一个而形成的组合即标定一个性格类型,然后为你推荐一些职业。

哦,你是ESTP,属于外向型。

MBTI是一个比较常用的测试,全名迈尔斯布里格斯类型指标(MBTI),是美国布里格斯和迈尔斯母女定制的,包含4对指标,分别为:外向-内向、实感-直觉、理性-情感、判断-理解。

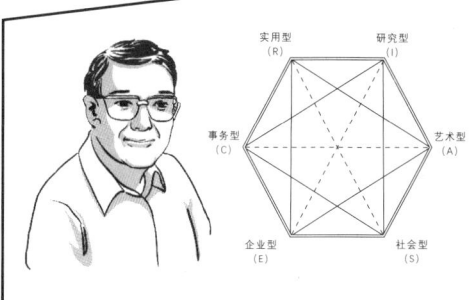

霍兰德职业兴趣自测是另一个比较常用的测试,由美国职业指导专家John Holland根据自身大量的职业咨询经验编制的测评工具,包含6种指标,分别为:实用型(R)、研究型(I)、艺术型(A)、社会型(S)、事务型(C)、企业型(E)

这个测试会评估一个人在6个指标中的偏向性，据此也可以为你推荐一堆职业。

哦，你还是企业型。

噢，我还是太阳狮子座，上升处女，月亮天蝎，大师你看我是不是适合当领导。

客观来讲，这两个测试的体系都存大很多先天缺陷，相比而言，现在高度发展的星座体系系统化程度反而有可能更高一些。

霍兰德虽然学院派出身，但据其经验而发展出来的测试难免主观色彩。

谁懂我的美？

首先，布里格斯和迈尔斯母女两人都不是正规心理学训练出身，且她们所依仗的荣格体系也受到过同行质疑。比如美国科学院就明确指出荣格的"心理类型"缺乏统计学分析，源自该理论的MBTI存在缺陷，测完之后并不能增加"自知之明"。

认识自己

不同于九年义务教育，留学可能是很多人在学业道路上做出的第一个自主的重大选择。大家在做出选择前，应该先花时间沉下心去认识自己，了解自己，充分考虑自己的"喜欢"与"合适"，选出最佳的方案。

柳青说，人生的道路虽然漫长，但紧要处常常只有几步，特别是年轻的时候。对很多人来说，出国留学就是这样一个年轻时的"紧要处"。去什么样的国家，选什么样的学校，学习什么专业，这些在今后很长一段时间会显著影响生活的问题，在很短的时间内聚集在一起等待被选择。

所谓选择，实际是对自身和目标的匹配；而所谓匹配，又需要了解被匹配的两端，即自身和目标。对目标的了解可能会因为信息量巨大而不知道如何下手，那么对自身的了解呢？

"人啊，认识你自己"，德尔菲神庙中镌刻的箴言穿越千年依然振聋发聩。对于自身的了解和认识，可能在科学出现之前，就以哲学的形式被人类所追寻。然而时至今日，人类对外部的探索已达太空深处，对自身的认识却依然十分有限。这一方面体现在对人体生物特性的了解，一方面又涉及到人类思想和社会特性的认知。选择留学虽然无需对自己的基因密码有所了解，但认真地审视自己，尝试为自己画像，却应该是必不可少的步骤。

一种商界比较流行的用来测试职业人格的是 MBTI 测试（Myers-Briggs Type Indicator，简称 MBTI）。MBTI 以心理学早期荣格的精神分析理论为基础，其基本的四个问题为：你的心理能力是外向（Extrovert, E）还是内向（Introvert, I）；在认识世界时更加偏实感（Sensing, S）还是直觉（Intuition, N）；做决定时更加依赖理性（Thinking, T）还是情感（Feeling, F）；以及在生活方式和处事态度上偏判断（Judging, J）还是理解（Perceiving, P）。根据这 4 个问题的不同答案，将人的性格分为 16 个种类。虽然在商界非常流行，但心理学界对 MBTI 普遍有较大的争议，认为其理论有缺陷，测量结果不甚可靠。

霍兰德职业兴趣测试（Holland Code Test）是另一个被广泛使用的用来测试职业兴趣的量表。它基于霍兰德六边形理论而成，把人格和适合的职业关联起来，将其分为六种基本的类型，分别为：实用型（Realistic），研究型（Investigative），艺术型（Artistic），社会型（Social），事务型（Conventional），企业型（Enterprising）。通过对人们职业兴趣的判定，帮助人们寻找最合适的职业。霍兰德职业兴趣理论是目前最具影响力的职业发展理论和职业分类体系之一。

这些测试虽然模型不同，不可尽信，但通过它们作为了解自己的契机和窗口依然不失为一个快速简单的方法。实际在选择出国留学的专业时，单独考虑性格，或者采用职业导向的测试可能都不够准确。为此，ApplySquare（申请方）在已有的西方理论和量表的基础上，参考我国的 21 世纪核心素养理论，专门研发了一款针对专业选择的测评系统。在"认识自己"这个环节上，除了常有的对兴趣（Interest）和性格（Personality）的考量，也加入了对价值观（Value）、能力（Ability）、体魄（Physique）、知识（Knowledge）、技能（Skill）等的评价。在每个大的模块，都设立了几十到上百不等的二级指标进行深入探测，同时给出在这些维度上国内同年龄段用户的平均水平以供对比，可以使你对自己做出更完整和客观的全面画像。同学们可以在这个网站（www.applysquare.com）上找到相应测评自行完成。

03

> 专业的选择

济南天桥区高精人才培训基地

王二狗，通过挖掘机硕士学位的课程考试和论文答辩，成绩优秀，授予挖掘机硕士学位。

如果留学给了你又一次机会，是不是应该珍惜？

选择了好的项目，申请就成功了一半！

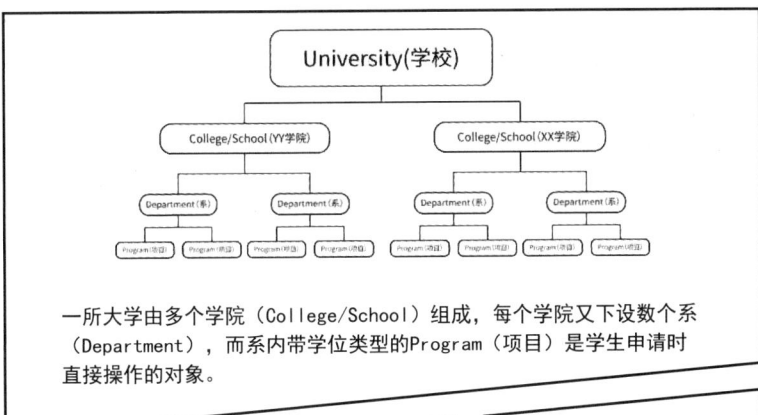

一所大学由多个学院（College/School）组成，每个学院又下设数个系（Department），而系内带学位类型的Program（项目）是学生申请时直接操作的对象。

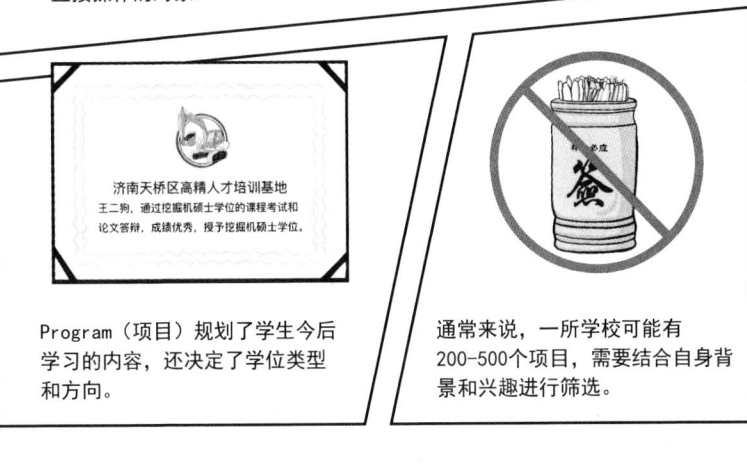

Program（项目）规划了学生今后学习的内容，还决定了学位类型和方向。

通常来说，一所学校可能有200-500个项目，需要结合自身背景和兴趣进行筛选。

纯数学 vs. 应用数学

如果你对本科时期所学表示满意，希望继续深造，那么本领域的各子方向关联的项目便是极佳的选择。

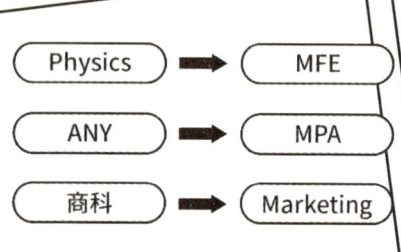

从心仪学校挑选自身背景足以申请且感兴趣的项目，就获得了你专属的申请清单。

如果你对本科所学几近挣扎，急于改弦更张，那么跨专业申请就十分重要。

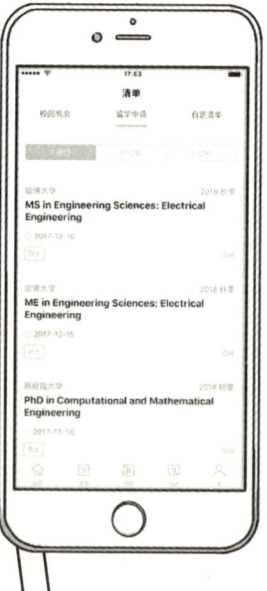

Course structure、Entry requirement和How-to-apply是一个项目最重要的三个部分。Course structure介绍学习内容，Entry requirement指明需要的条件，How-to-apply可以了解申请步骤。

专业的选择

相信通过第二章的介绍，同学们或多或少都已经对自己拥有了一定的认知。而如果以赴美留学作为下一步的学业目标，那么首先需要做的，就是在此基础上选择一个正确的专业。

目前来看理工科和商科依旧是中国留学生最为青睐的专业选择。按照美国对学科的分类，一般认为商科主要指 FAME 专业，主要包括金融（Finance）、会计（Accountancy）、管理（Management）和经济（Economics）；理工科主要指 STEM 专业，主要包括科学（Science）、技术（Technology）、工程（Engineering）和数学（Mathematies）。参考美国《门户开放报告》中针对各国留学生所学专业的统计，可以看出 STEM 专业和商科专业在近 10 年间，一直在保持着较高的热度。

> International Students: Fields of Study by Place of Origin, Institute of International Education, URL: http://www.iie.org/Research-and-Publications/Open-Doors/Data/International-Students/Fields-of-Study-Place-of-Origin#.WEJfpvArKUk

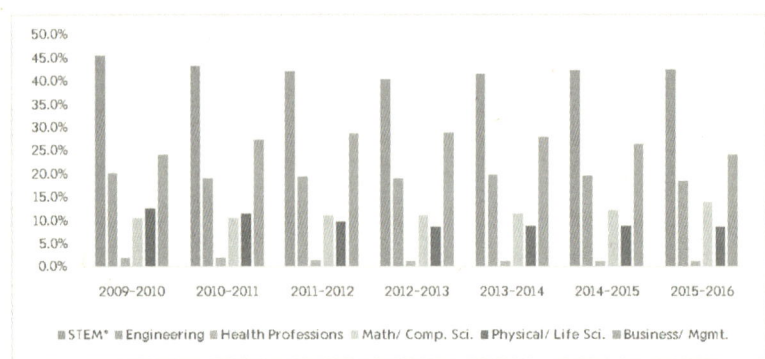

中国在美国的留学生专业选择

那么,大家是根据什么来选择专业的呢?通常来说,应该从两个角度来考虑:

01 自己想学什么

在考虑想学什么专业时,首先需要考虑自己的兴趣所向及优势所在,这点我们在第二章《认识自己》中已经做过充分的说明,所以这里我们将着重考虑另一方面的因素,也就是专业的就业前景。

无论是在高考选专业还是研究生选专业的时候,一个专业的就业前景都是同学们主要考虑的因素之一,而就业前景又需要从两方面来分析,一是专业找工作的难易程度,二是专业工作的薪酬水平。下面就以美国为例展示了不同专业在这两方面的比较情况:

a. 找工作的难易程度:H-1B 申请情况

先看图一和图二,我们可以看到,从国家/地域的维度来说,印度是持有 H1-B 最多的国家,占总人数的 70% 左右。第二多的就是中国了,每年是 20 多万人,且数字呈增长趋势,占总人数的 8% 左右。

Table 4A. H-1B Petitions Approved by Country of Birth of Beneficiary and Type of Petition (Number): FYs 2013 and 2014

Country of Birth	All Beneficiaries		Initial Employment		Continuing Employment	
	FY 2013 Number	FY 2014 Number	FY 2013 Number	FY 2014 Number	FY 2013 Number	FY 2014 Number
Total	286,773	315,857	128,291	124,326	158,482	191,531
India	187,270	220,286	81,992	82,263	105,278	138,023
China, People's Republic	23,429	26,393	12,651	13,708	10,778	12,685
Canada	7,971	6,853	3,096	2,561	4,875	4,292
Philippines	6,152	5,157	1,673	1,318	4,479	3,839
South Korea	4,843	4,390	2,310	2,012	2,533	2,378
United Kingdom	3,680	3,307	1,595	1,211	2,085	2,096
Mexico	3,114	2,768	1,260	1,038	1,854	1,730
Taiwan	2,470	2,406	1,260	1,176	1,210	1,230
France	2,322	2,218	1,161	920	1,161	1,161
Japan	2,464	1,983	929	691	1,535	1,292
Pakistan	2,147	1,923	851	787	1,296	1,136
Nepal	1,652	1,735	844	769	808	966
Germany	1,767	1,625	900	751	867	874
Turkey	1,683	1,619	801	672	882	947
Brazil	1,649	1,546	765	692	884	854
Colombia	1,361	1,290	529	447	832	843
Italy	1,381	1,283	760	634	621	649
Russia	1,313	1,241	741	573	572	668
Venezuela	1,310	1,230	583	439	727	791
Spain	1,188	1,155	716	573	472	582
Other countries	27,607	25,449	12,874	11,091	14,733	14,495

Note: Countries of birth are ranked based on FY 2014 data.

图一：HI-B 持有人数据统计 - 按国籍记录

Table 4B. H-1B Petitions Approved by Country of Birth of Beneficiary and Type of Petition (Percent): FYs 2013 and 2014

Country of Birth	All Beneficiaries		Initial Employment		Continuing Employment	
	FY 2013 Percent	FY 2014 Percent	FY 2013 Percent	FY 2014 Percent	FY 2013 Percent	FY 2014 Percent
Total	-----	-----	-----	-----	-----	-----
Country of birth	100	100	100	100	100	100
India	65.3	69.7	63.9	66.2	66.4	72.1
China, People's Republic	8.2	8.4	9.9	11	6.8	6.6
Canada	2.8	2.2	2.4	2.1	3.1	2.2
Philippines	2.2	1.6	1.3	1.1	2.8	2.0
South Korea	1.7	1.4	1.8	1.6	1.6	1.2
United Kingdom	1.3	1.0	1.2	1.0	1.3	1.1
Mexico	1.1	0.9	1.0	0.8	1.2	0.9
Taiwan	0.9	0.8	1.0	0.9	0.8	0.6
France	0.8	0.7	0.9	0.7	0.7	0.6
Japan	0.9	0.6	0.7	0.6	1.0	0.7
Pakistan	0.7	0.6	0.7	0.6	0.8	0.6
Nepal	0.6	0.5	0.7	0.6	0.5	0.5
Germany	0.6	0.5	0.7	0.6	0.6	0.5
Turkey	0.6	0.5	0.6	0.5	0.6	0.5
Brazil	0.6	0.5	0.6	0.6	0.6	0.4
Colombia	0.5	0.4	0.4	0.4	0.5	0.4
Italy	0.5	0.4	0.6	0.5	0.4	0.3
Russia	0.5	0.4	0.6	0.5	0.4	0.3
Venezuela	0.5	0.4	0.5	0.4	0.5	0.4
Spain	0.4	0.4	0.6	0.5	0.3	0.3
Other countries	9.6	8.1	10.0	8.9	9.2	7.6

Notes: Countries of birth are ranked based on FY 2014 data.
Sum of the percent may not add to 100 due to rounding.

图二：HI-B 持有数据统计 - 按国籍占比记录

再来看下，哪些专业申请 H1-B 相对占优势呢？参照图三和图四，我们可以清晰地看出，计算机科学及相关专业是最大的热门，截止到去年占比达到 70% 左右。然后是建筑、工程类和测量学占 9% 左右。行政管理专业，教育专业和医药类专业占比都在 6% 左右。其他的专业占比就都比较少了。这也是为什么申请和计算机相关专业的学生越来越多的原因之一。

b. 薪酬水平：基于行业薪酬的美国热门专业排名

该排名是由乔治城大学（Georgetown University）教育和劳动力中心（Center on Education and the Workforce）利用美国人口调查局（U.S. Census Bureau）2009-2013 年的社区调查微观数据统计整理而成。该排名显示了 25-29 岁受过大学教育的人群所属的专业及平均工资（美元/年）。

> The Economic Value of College Majors, Center on Education and the Workforce, URL: https://cew.georgetown.edu/cew-reports/valueofcollegemajors/#full-report

1) Petroleum engineering, 136,000

2) Pharmacy, pharmaceutical sciences, and pharmaceutical administration, 113,000

3) Metallurgical engineering, 98,000

4) Mining and mineral engineering, 97,000

5) Chemical engineering, 96,000

of Petition (Number): Fiscal Years 2013 and 2014

Occupational Category	All Beneficiaries		Initial Employment		Continuing Employment	
	FY2013 Number	FY2014 Number	FY2013 Number	FY2014 Number	FY2013 Number	FY2014 Number
Total	286,773	315,857	128,291	124,326	158,482	191,531
Occupation known	284,851	313,930	127,536	123,591	157,315	190,339
Computer-related occupations	171,613	203,425	79,870	80,877	91,743	122,368
Occupations in Architecture, Engineering and Surveying	27,495	29,103	11,642	10,707	15,853	18,396
Occupations in Administrative Specializations	18,771	18,905	8,500	7,395	11,401	11,510
Occupations in Education	20,370	18,680	8,969	8,393	10,271	10,287
Occupations in Medicine and Health	17,138	15,358	5,587	5,020	11,551	10,338
Occupations in Mathematics and Physical Sciences	5,303	5,571	2,405	2,295	2,898	3,276
Managers and Officials N.E.C.*	5,775	5,453	2,079	1,699	3,696	3,754
Occupations in Life Sciences	5,247	4,746	2,518	2,158	2,729	2,588
Occupations in Social Sciences	3,882	3,920	1,777	1,567	2,105	2,353
Miscellaneous Professional, Technical, and Managerial	3,882	3,861	1,639	1,294	2,243	2,567
Occupations in Art	2,613	2,518	1,200	958	1,413	1,560
Occupations in Law and Jurisprudence	982	1,018	505	486	477	532
Occupations in Writing	733	646	341	305	392	341
Miscellaneous[13]	473	405	219	186	254	219
Occupations in Entertainment and Recreation	211	178	90	89	121	89
Occupations in Museum, Library, and Archival Sciences	157	158	76	71	81	87
Occupations in Religion and Theology	119	92	45	40	74	52
Sales Promotion Occupations	87	73	74	51	13	22
Occupation unknown[14]	1,922	1,927	755	735	1,167	1,192

Notes: Occupations ranked based on FY 2014 data.
*N.E.C. indicates not elsewhere classified.

图三：HI-B 持有人对应专业统计

Table 8B. H-1B Petitions Approved by Major Occupation Group of Beneficiary and Type of Petition (Percent): FYs 2013 and 2014

Occupational Category	All Beneficiaries		Initial Employment		Continuing Employment	
	FY2013 Number	FY2014 Number	FY2013 Number	FY2014 Number	FY2013 Number	FY2014 Number
Occupation known	100	100	100	100	100	100
Computer-related occupations	59.8	64.5	62.3	65.1	57.9	63.9
Occupations in Architecture, Engineering, and Surveying	9.6	9.2	9.1	8.6	10.0	9.6
Occupations in Administrative Specializations	6.5	6.0	6.6	5.9	7.2	6.0
Occupations in Education	7.1	5.9	7.0	6.8	76.5	5.4
Occupations in Medicine and Health	6.0	4.9	4.4	4.0	7.3	5.4
Occupations in Mathematics and Physical Sciences	1.8	1.8	1.9	1.8	1.8	1.7
Managers and Officials N.E.C.*	2.0	1.7	1.6	1.4	2.3	2.0
Occupations in Life Sciences	1.8	1.5	2.0	1.7	1.7	1.4
Occupations in Social Sciences	1.4	1.2	1.4	1.3	1.3	1.2
Miscellaneous Professional, Technical, and Managerial	1.4	1.2	1.3	1.0	1.4	1.3
Occupations in Art	0.9	0.8	0.9	0.8	0.9	0.8
Occupations in Law and Jurisprudence	0.3	0.3	0.4	0.4	0.3	0.3
Occupations in Writing	0.3	0.2	0.3	0.2	0.2	0.2
Miscellaneous	0.2	0.1	0.2	0.1	0.2	0.1
Occupations in Entertainment and Recreation	0.1	0.1	0.1	0.1	0.1	0.0
Occupations in Museum, Library, & Archival Sciences	0.1	0.1	0.1	0.1	0.1	0.0
Occupations in Religion and Theology	0.0	0.0	0.0	0.0	0.0	0.0
Sales Promotion Occupations	0.0	0.0	0.1	0.0	0.0	0.0
Occupation unknown	---0.7---	---0.6---	-----0.6	-----0.6	---0.7---	---0.6---

图四：HI-B 持有人专业占比统计

6) Electrical engineering, 93,000

7) Aerospace engineering, 90,000

8) Mechanical engineering, 87,000

9) Computer engineering, 87,000

10) Geological and geophysical engineering, 87,000

11) Computer science, 83,000

12) Civil engineering, 83,000

13) Applied mathematics, 83,000

14) Industrial and manufacturing engineering, 81,000

15) Physics, 81,000

16) General engineering, 81,000

17) Engineering mechanics, physics, and science, 81,000

18) Architectural engineering, 80,000

19) Engineering and industrial management, 78,000

20) Statistics and decision science, 78,000

21) Management information systems and statistics, 77,000

22) Environmental engineering, 76,000

23) Miscellaneous engineering, 76,000

24) Economics, 76,000

25) Business economics, 75,000

02 自己能申什么

在考虑了自己想学什么专业之后,同学们还需要考虑另一个问题,那就是自己能申什么专业。这同样由两方面因素决定:

a. 你与想学的专业是否足够匹配

正如前面所说的,大家在考虑想学什么专业时候往往都会考虑一个专业的就业前景,而通常来说,在某一段时间内,总会有一些专业的就业前景会明显的好于其他专业,这就导致本来各种不同专业的同学都希望能转而学习这些专业,就像目前一段时间非常热门的计算机科学、数据科学等专业一样。

然而,同学们必须明白的是,转专业申请固然可行,但其申请难度会直接受到申请者本来专业与目标专业的匹配程度影响:

一方面很多学校的研究生项目在招生的时候会明确写上需要申请者满足什么样的背景：上过哪些前置课程，掌握哪些技能；即使没有写得那么明确，也都会在学位培养目标和课程设置中明显表现出对某类背景的偏好。

另一方面即使申请者满足学校的基本要求，但由于与其他竞争者相比有明显的匹配程度上的劣势，对于申请结果还是会有非常大的影响。

因此，在选择转专业申请的时候，需要慎重考虑自己与目标专业是否匹配以及匹配程度如何，理性地做出选择。

b. 你想学的专业的申请难度如何

同样由于就业前景的不同，即使不转专业进行申请，不同专业本身的申请难度还是会有非常大的区别。对于国内的同学们来说，其申请难度主要受两方面影响：

一方面是竞争的激烈程度。正如前面所说，由于就业前景的不同，部分专业可能呈现非常热门的状态，这会导致申请者数量大幅增加，从而引起申请难度的急剧提升。

另一方面是本身专业对国际学生的接受程度。不同专业对于国际学生，尤其是中国学生来说，本身的申请难度同样有所不同。举例来说，医学由于在之后就业时对从业者的身份有一定要求，所以该专业几乎很少招收没有美国身份的国际学生；而类似法律、历史等这样的文科类专业，由于本身对于语言以及文化基础的要求较高，中国学生很难和美国本土学生相竞争，因此申请难度也非常高。

下面就用两组数据简单展现一下不同专业的申请热度和录取难度。

● **基于中国申请人数的热门专业排行**

该排名是由ApplySquare（申请方）基于国外高校不同专业录取中国留学生的人数，统计出的热门出国专业排行榜。

1. Electrical / Electronic Engineering

2. Computer Science

3. Finance

4. Accounting

5. Management

6. MBA

7. Statistics

8. Biological / Biomedical Science

9. Mechanical Engineering

10. Financial Engineering

11. Education

12. Chemical Engineering

13. Economics

14. Information Systems

15. Materials Science and Engineering

16. Chemistry

17. Civil Engineering

18. Fine Arts

19. Law

20. Marketing

21. Public Health

22. Journalism and Mass Communication

23. Environmental Engineering

24. Industrial Engineering / Operations Resesarch

25. Architecture

● **基于录取难度的美国热门专业排行**

该排名是由 ApplySquare（申请方）基于国外高校不同专业申请人数和录取人数的比值，统计出的竞争最激烈的美国专业排行榜。

1. Pharmaceutical Sciences

2. History

3. Medicine/Medical Science

4. Earth Sciences and Geosciences

5. Political Science

6. Biological / Biomedical Science

7. Chemistry

8. Psychology

9. Agriculture

10. Sociology

11. Operations Management

12. Language

13. Physics

14. Area Studies

15. Biomedical/Bioengineering

16. Urban Planning

17. Chemical Engineering

18. Financial Engineering

19. English

20. Computer Engineering

21. Statistics

22. Actuarial Sciences

23. Fine Arts

24. Public Policy Analysis

25. Public Management Administration

26. Journalism and Mass Communication

27. Public Affairs

28. Mathematics

29. Accounting

30. Electrical / Electronic Engineering

04

Master in Ph.D.

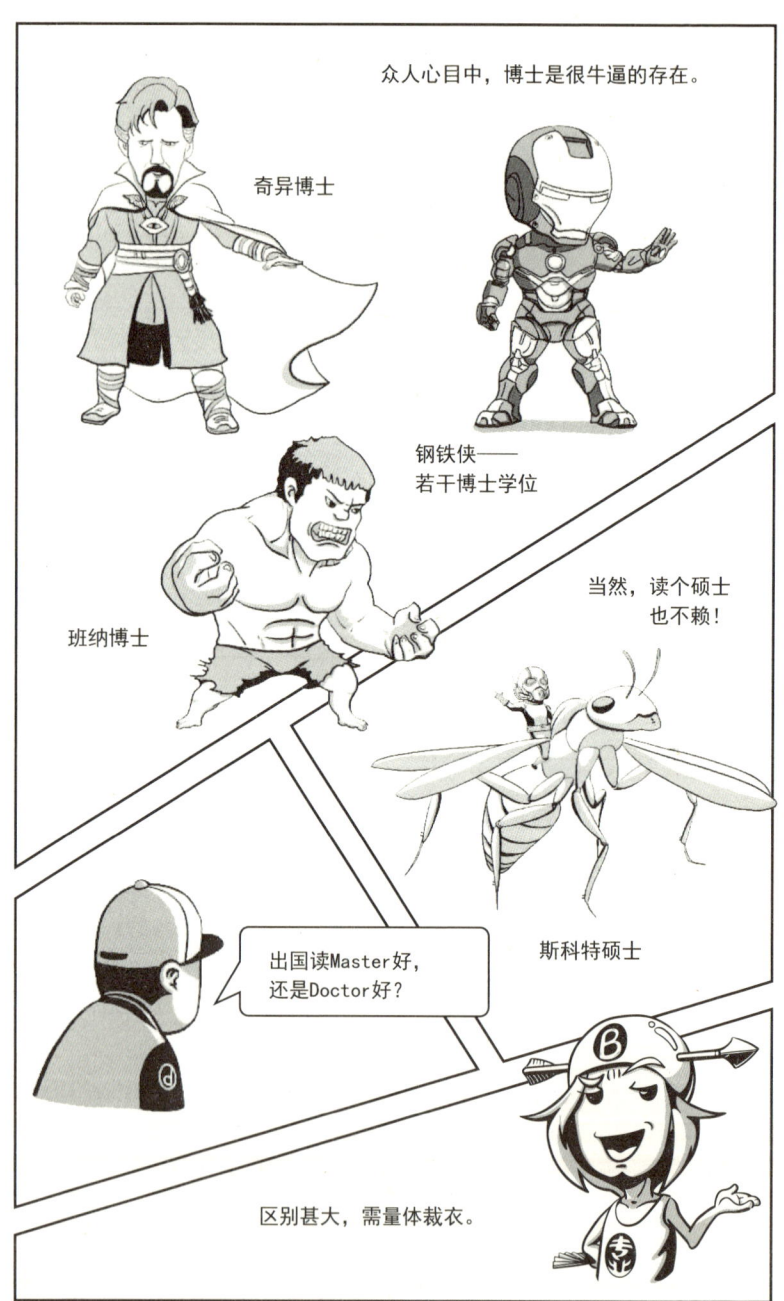

与国内本科-硕士-博士有前有后的学位制度不同，海外院校很多博士项目允许学士学位持有者直接申请。

此外，开支不同。读硕多半要靠家里支持，读博大多可以自给自足。

时间成本当然也不一样。读硕一般白驹过隙，读博可谓老骥伏枥。

一般硕士需要2年，博士需要5年，但是时间长短是可以变动的。有的硕士项目，9个月就结束了，而有的博士生会被延期，7年还不一定读完。

Master 与 Ph.D.

在第三章中,我们就美国研究生申请在专业的选择方面进行了一定的讲解,在确定了专业之后,接下来需要确定的就是究竟选择攻读什么样的学位。那么本章中,我们将具体分析一下美国硕士和博士项目的不同。

01 培养目标的不同

硕士

一般来说,硕士会有两种,一种是就业导向的,主要培养学生进入工业界的能力,一切以职场应用为主,其唯一考核标准就是学生的就业情况;另外一种是研究型的硕士,学生毕业以后可以继续攻读博士,这类硕士就比较注重培养学生在某一个科研领域的基础知识,并提前为博士阶段储备必要的研究技能。

博士

不管你博士毕业以后会不会进学术圈,在攻读博士学位这段时间注定会以研究为主业。在博士的攻读期间你的研究范围是很窄的，因为博士的培养目标是你在毕业之后可以在自己课题所在的领域上达到世界顶尖的水平，甚至连你的导师都不如你对这个课题的理解更深入。正如有句话说的：Ph.D. is about the depth not the width（攻读博士注重的是深度而不是广度）。

由于培养目标的不同，博士的培养过程会比硕士要长很多。硕士一到两年就可以完成学习，极少数需要用到三年，但大多数博士都需要五年左右的学习时间，超过五年的也比比皆是。

02 时间安排的不同

硕士

硕士因为本身培养时间比较短，所以同学们一定要很好地规划自己的时间。对于就读那些只有9个月的项目的同学来说，可能真的是一下飞机就要开始找实习了。而对于一年半到两年的硕士来说，你可以用前三个月来熟悉环境，到了第一学年的三月份再开始找实习。

博士

对于读博士的同学而言，整个学习时间是非常长的，所以会以学术成长为主线来安排时间进程。通常博士攻读者第一年会以上课为主，大概一到两年以后会参加博士资格考试，这应该是博士学习的第一个关卡。过了资格考试之后你就成为一个博士候选人（Ph.D. Candidate），通过从事独立的课题研究（即博士毕业答辩的课题），逐步完成博士毕业论文和毕业答辩。

除此之外，在博士的学习过程中一般都会有做助研（Research Assistant，简称RA）或者助教（Teaching Assistant，简称TA）的经历。不同的助教工作内容可能不太一样：强度比较大的是给本科生讲课、带实验课；比较轻松的是改卷子、批作业，以及课下答疑。但不管哪一种，博士学生一般都会经历这样一个过程，也是积累教学经验，为之后进入学术界做准备。

03 毕业的程序

硕士

硕士毕业要求分为几种情况，一种是修完学分、考试通过即可毕业；一种是修完学分、考试通过后，还需要写一篇毕业论文（Thesis）或者做一个项目（Project）才能毕业。但不管是哪种，整体来说毕业难度不大，只要你正常学习应该都能按时毕业。

博士

博士毕业则要难得多，你需要在自己的独立课题上产生科研成果，达到相应的论文发表要求，并最终通过论文答辩才能顺利毕业。

04 花费的情况

硕士

除少数几个特立独行的学校外，一般硕士是很少给奖学金，就算给也就是几千到一万多美元的小奖（私立学校、商科院系比较常见），很难支持你的学费和生活费，所以一般申请硕士需要自己来支付自己大部分的费用。研究型硕士项目可能会提供半奖或全奖，但总体来说这种项目已经越来越少见了。

博士

一般博士都会有奖学金，奖学金会分成两大类：一种由学校直接发放，数额相对较大，且不用纳税；另一种则需要申请者通过一定的劳动（助研或助教）来获取报酬，通常这种情况下学校会提供学费的减免和补贴等等，所以一般博士不会需要家里提供太多的经济支持，有可能自己还能攒点小钱。

然而，近年来随着出国人数的不断增加，以及美国教育经费的短缺，很多博士项目开始发放没有奖学金的录取。不过，不管是硕士还是博士，如果你能拿到录取，都可以考虑申请国家留学基金委CSC的奖学金，或者到了美国之后再向学校和教授争取助研和助教的机会。

常见误区：

1. 美国并没有国内所谓的硕博连读的概念，如果你直接获得博士录取，通常会有一年左右的时间用于课程学习，但是需要注意的是，即使完成了这部分学习也并不一定会获得硕士学位，这个根据不同学校的政策有所不同。

2. 美国大多数学校的硕士基本无法直接在毕业后转为博士，因为大多数硕士的设置目标都是就业导向的，所以在硕士毕业后，如果想要继续攻读博士，通常需要重新进行申请。

3. 切勿单独用金钱成本来衡量攻读硕士和博士学位的成本。因为在美国攻读博士学位需要花费的时间远超过硕士，而如果科研并不是你的兴趣所在，那么耗费五六年的青春在实验室中，拿着并不丰厚的"工资"，做着自己不喜欢的事情，这未必会是一个好的选择。相反，硕士毕业的学生可能很快就能找到心仪的工作，然后工作两年就能把大部分学费和生活费赚回来，还能在职场中积累一些人脉与工作经验，这么来看，可能硕士反而会更"划算"。所以，分析哪种学位在金钱上更划算其实毫无意义。

05

选校—美国

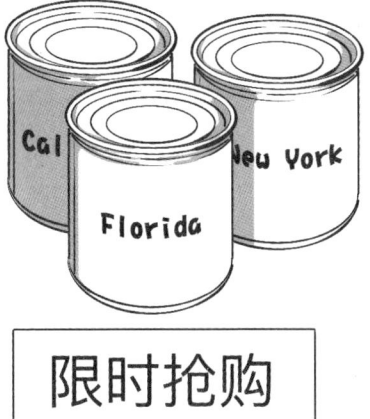

限时抢购

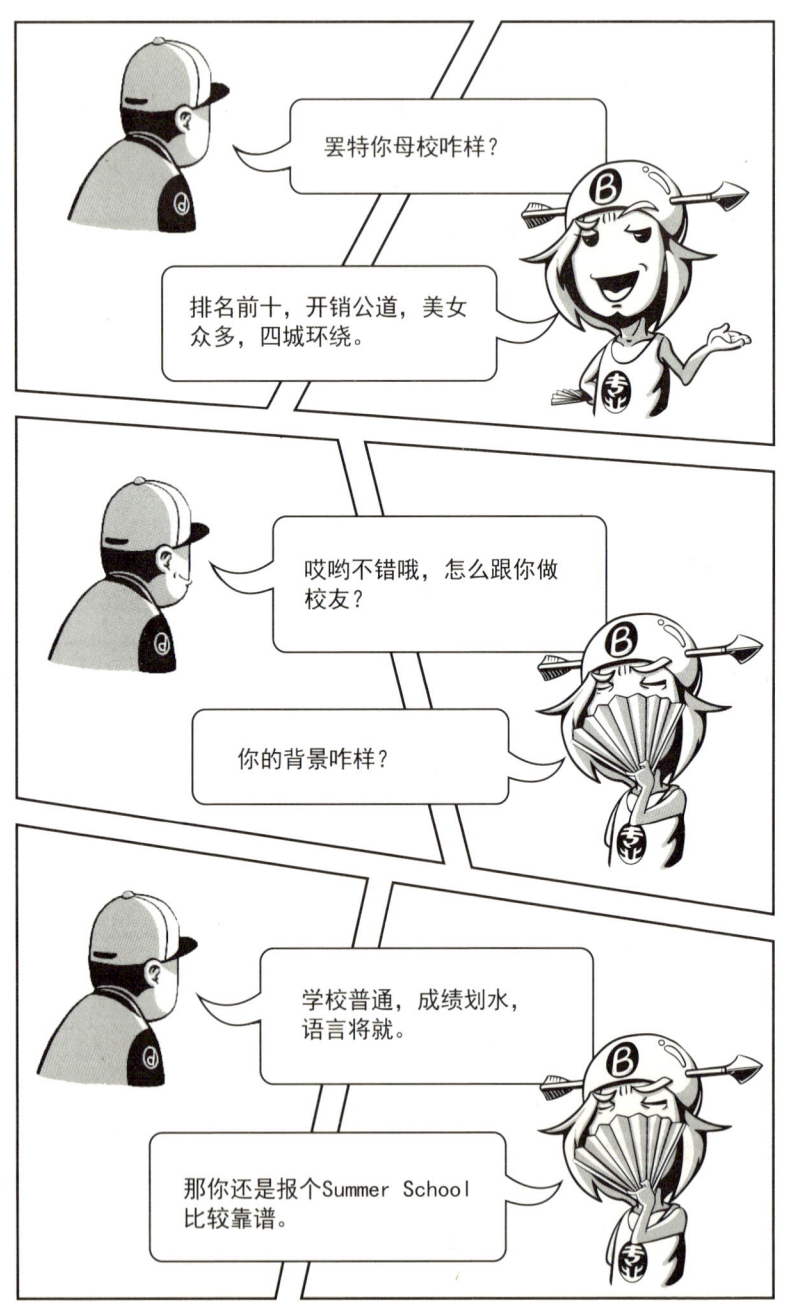

申请学校时，申请者的几个基本条件将决定申请结果的上限和下限，这几个条件包括：学位专业背景、GPA、标准化考试成绩、个人经历等。

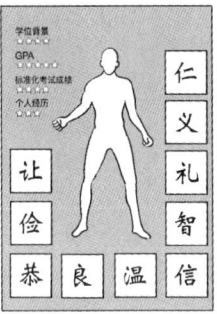

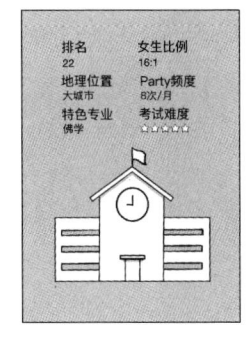

相对地，学校也有几个基本条件决定了它们的受欢迎程度，包括：排名、地理位置、特色专业等。

我要上哈佛！

你这条件，是想上哈尔滨佛学院吧？

所谓选校策略，就是根据个人条件与学校属性，挑选出一组申请成功率较高的学校。

过分保守的选校策略，会让人在未来的学业中束手束脚。

而过分激进的选校策略，则可能让人马失前蹄。

● 051

一套专业的选校策略,要配备有挑战的冲刺型学校和兜底的保障型学校。合理数量的高低搭配,申请就成功了一半。

就好比进食均衡营养是身体健康的基础,高脂高糖那都是一时之爽。

偏爱综排看重学校名气, 宠幸专排注重学术实力。

一个基本的方法是,根据学校排名,结合自己的背景,就可以圈定至少10所学校的一份名单。

成为加州嬉皮士,

此外,地域也是一个十分重要的考虑因素。

中部牛仔……

在确定了申请专业和学位之后，下一步需要确定的就是自己申请的学校了，也就是大家所说的"选校"。选校可以说是一个非常有技术含量的事情，优秀的选校方案不仅能使你顺利获得录取，甚至有机会让你凭借不那么出众的背景挤进一流名校；而失败的选校策略则可能完全葬送你的申请。

所以在本章节中，我们将具体讲解一下关于申请选校的那些事。

01 什么是"选校"？

"选校"这个词从严格意义上来说更加适用于本科申请，因为本科生入学前不用选择专业，更多的是针对学校本身去选择，看重的是学费、环境、学校名气等因素，学生可以在入学后的前两年完成基础课程的学习，然后再去决定自己的专业。

而对于研究生申请，我们其实应该使用"选项目（program）"这个说法。因为不管是 Master 还是 Ph.D.，申请的都是具体某个学校某个院系某个专业的一个学位项目。

那什么是我们所说的项目呢？

一般来说一个项目除了本身所属学校不同外，还需要至少包含以下两部分信息：

● 该项目的学位类型，例如：博士（Ph.D.），工程硕士（Master of Engineering，Meng），理学硕士（Master of Science）等等；

● 该项目的专业类型，例如：计算机科学（Computer Science），材料科学（Material Science）等等。

虽说信息就是这两种，但实际上，不同学校和院系开设的项目不仅在名字上千差万别，在申请难度上同样大不相同。因此，如何选择对的项目就变成一件难度很大的事情。

02 如何评价一个项目？

硕士：

就硕士申请而言，选择项目多半会考虑这些因素：项目所在学校的综合排名、专业排名、地理位置，项目毕业生就业情况等等。

√ 综合排名：一所学校的综合排名主要依据其本科生的高中排名、SAT/ACT分数、毕业率、和来自其他学校的教职员工的评价来进行比较，因此更加适用于本科选校。但是考虑到很多同学在海外研究生毕业后会选择求职，而在求职过程中大多数公司（尤其是国内公司）的人事部门还是会更加看重学校的名气，因此这一指标也不得不考虑。

√ 专业排名：专业排名的主要依据是学校本身某个专业的科研水平、毕业生的就业情况等，因此更能反映该学校在某个专业内的认可度，也更应该作为研究生申请者的主要参考依据。

√ 地理位置：学校的地理位置往往决定了其学生的生活状态和未来的发展机会，而不同的城市对于不同的专业往往有其天然的优势或者劣势。例如在纽约，媒体、金融公司云集，联合国和其他重要NGO组织盘踞，那么文科和商科的同学就更容易获得就业机会；而在加州，硅谷周围（圣何塞、旧金山、帕罗奥托等湾区城市）计算机行业巨头遍布，对于计算机相关专业的同学来说宛如圣地。

√ 经济状况：准备自费留学的同学需要了解各学校的学费水平以及其所在地区的日常生活费用水平，并根据家庭财力判断是否能够接受。申请奖学金的同学则需要了解学校奖学金的种类、申请数额、申请难度等，以判断自己是否能够有机会申请到奖学金。

√ 硬件、软件资源：不同学校在软硬件水平上有显著的不同，硬件方面，而有些专业的学习和科研会对学校图书馆、实验室以及网络设施等条件有一定的要求；而在软件资源方面，有些学校的校友会组织比较紧密，能为学生提供强大的人脉支持，从而为毕业生就业以及继续深造提供更多的机会。这些软硬件条件的差别在选校过程中也应该给予重视。

博士：

与硕士选校相比，除了上面提到几大因素外，博士申请者还应该更多地考虑申请项目的科研相关的情况。

√ 教授数量及研究方向：了解所申请学校对应院系各个教授的研究方向，着重了解你所申请的研究方向及领域的教授数量和以往招生的喜好（如往年招收的中国学生背景如何）等。这些信息对国内的学生来说获取难度较大，一般需要通过国外同专业的师兄师姐、访问学校官网及教授的个人网站、检索教授以往的学术履历或者套磁等方法来了解。

√ 实验室的科研实力：即该学校目标专业实验室的研究经费是否充足、实验室的学术状态是否活跃以及相关教授近期的研究成果、业内知名度等。

■ 03 如何选择一个项目？

a. 第一轮学校粗选

在选校的第一步，申请者应当根据自身申请专业以及个人定位，参考最新的学校及专业排名，确定能够接受的学校的"上限"及"下限"。将上下限之间所有开设了所申请专业的学校进行罗列，在逐一进行粗略了解之后，筛去明显不符合个人学业、职业规划的学校（比如地点偏僻、气候奇葩、周边经济或安全状况太恶劣等），确定申请学校粗选的名单，为之后的精选做好准备。

b. 确定申请学校数量及梯度

我们通过对ApplySquare（申请方）网站上2001-2016年超过3000个申请案例数据进行分析得出下图。可以看出，大部分硕士申请者申请的学校个数集中在1-10个，博士申请者在1-15个，硕博混申的申请者在10-20个。硕士申请者平均每人申请6.5所学校，博士申请者平均每人申请10所学校，硕博混申的申请者平均每人申请13所学校。

硕士申请者平均每人申请的学校个数最少，是由于硕士项目一般招生数量大，录取概率高，因此，对于自身背景定位明确的申请者并不需要申请过多学校。博士项目普遍带有奖学金，一般来讲招生数量也比较有限，申请竞争激烈且存在较大的偶然性，因此，申请者需要申请更多的学校来提高录取几率。而大部分硕博混申的申请者是想要冲击更好的学校，因此会递交大量的申请以最大限度地提高被好学校录取的几率。

而在申请过程中，所选择的学校一定要拉开档次，将其分成冲刺、匹配和保底等至少三个档次，这样才能保证不管运气如何，最后总会有一所学校录取。当然，这只是一般的思路，申请者还应当根据自己的申请意愿是否明确、申请经费是否充裕、通过粗选学校的数量多少来确定申请学校的总量和梯度分配。

c. 精选学校

精选学校是选校过程中最重要、也是最需要花时间的一步。选校时不要抱

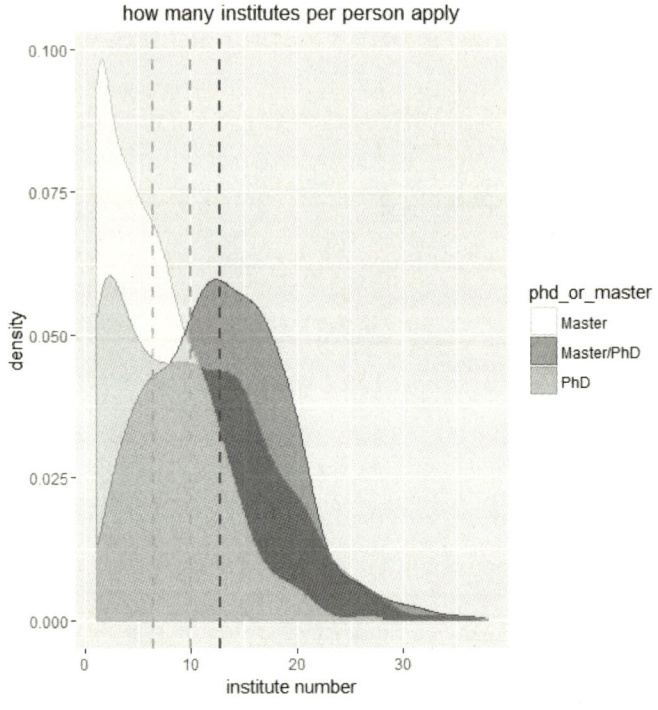

每个申请者申请的学校个数分布

着有鸟没鸟打一枪试试的心态,学校和专业申请的数量越多,准备的材料也就越多,这样精力就会被分散。在申请前根据以往的成功经验确定学校数量,会比较有目的性。因此申请者需要在粗选学校的名单的基础上,参照申请学校的数量和梯度分配,根据前面提过的评价标准,对粗选的学校进行筛选和查漏补缺。

通过以上讲解,相信同学们已经对选校的方法有了一个基本的认知。尽管大家心目中的选校名单各不相同,但还是有些学校被大多数人所喜好,是名副其实的大众情人。所以最后,我们就带大家看看,最受中国学生欢迎的学校清单(名单统计基于F1签证)。

1. University of Illinois Urbana-Champaign

2. University of Southern California

3. Purdue University

4. Northeastern University

5. Columbia University

6. Michigan State University

7. The Ohio State University

8. University of California, Los Angeles

9. Indiana University

10. University of California at Berkeley

11. New York University

12. Pennsylvania State University

13. University of Minnesota

14. University of Washington Seattle

15. Arizona State University

16. University of Michigan Ann Arbor

17. Boston University

18. Illinois Institute of Technology

19. Rutgers, The State University of New Jersey

20. University of Texas at Dallas

21. University of Wisconsin-Madison

22. University of California, San Diego

23. Carnegie Mellon University

24. State University of New York at Stony Brook

25. Syracuse University

常见误区：

1. 选校一定要选综排高的？

目前国内很多学生尤其是家长，在帮助学生选校时往往十分看重学校的综合排名，觉得只有综排高的学校才是好学校。但事实上综合排名只能反映学校的本科教育水平，并不适用于研究生选校，也无法代表一个学校的科研、就业水平。

2. 申请博士有一两所保底校就没问题了？

很多博士申请者为了冲击名校，将整体学校档次定得很高，然后添加一两所档次低的学校用来保底。但事实上，由于各个学校博士招生人数很少，录取情况很容易受到经费多少和教授工作量的影响，所以一些看似很"稳"的学校其实并不一定真的能保底。所以，在博士申请时，应该在与自己背景匹配的范围内拉开学校档次进行选择，这样才能最大可能的提高成功率。

3. 这个案例和我背景差不多，我也能申到这些学校？

总有学生会在各种地方寻找相似申请案例来参考，并盲目认为案例能申到自己就一定能申到，这很容易造成定位的偏差。一方面因为每年的申请难度变化很大，而案例往往各种年份都有，其实并不一定真的具有参考价值。另一方面网上很多案例，尤其是一些留学机构发布的案例，往往会为了凸显申请的成功而隐瞒一些潜在的内容，例如案例中的学生是否有很强的推荐信，是否有很强的科研背景等等经常都无法看到，而在这种情况下盲目根据案例选校将对自己的申请造成非常不好的影响。

06

同飞

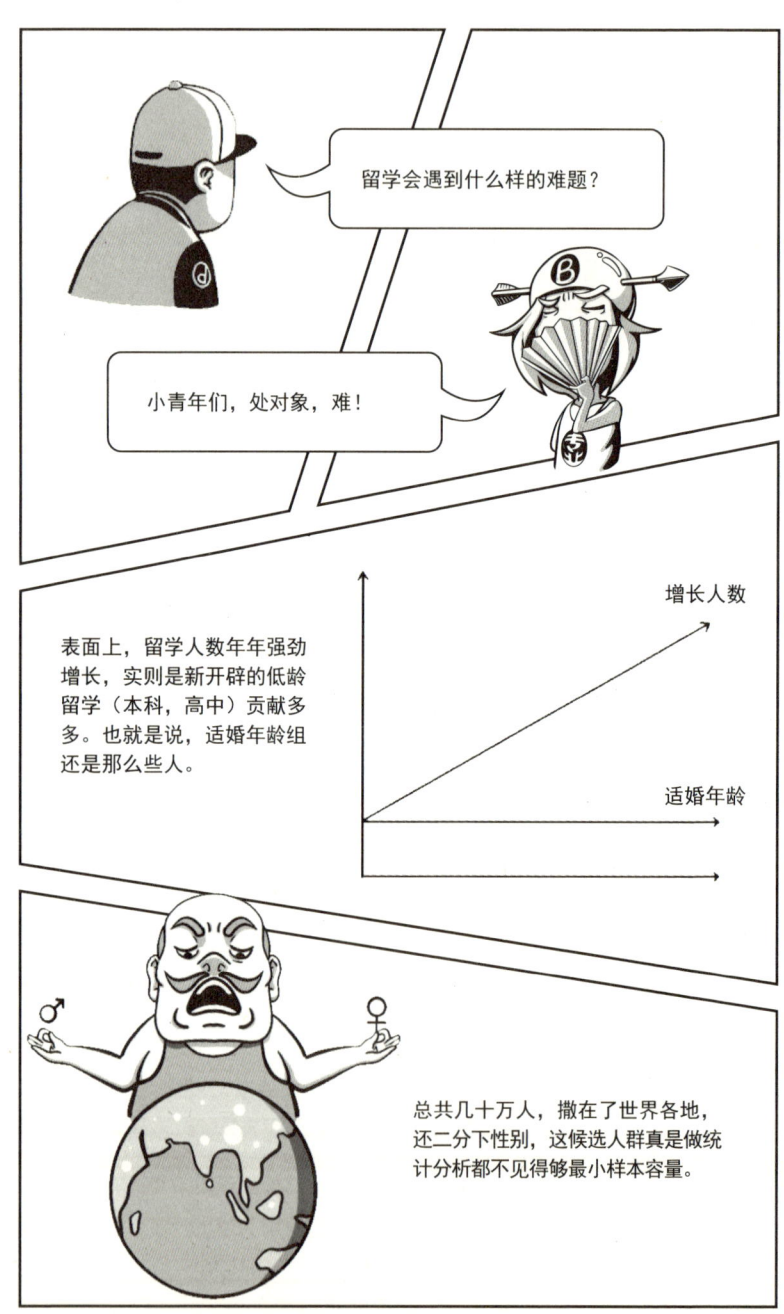

在这么一小撮人里,挑出一个颜值及格,才华尚可,性格相合,人品过硬的TA,一起经历一次毕业之劫。

下一位

FAIL

昭君出塞不是很好的榜样么?

永远不要想当然地小觑文化鸿沟。

这种境遇要修成正果,想想都印证了"萍水相逢的都是侥幸,擦肩而过的都是人生"。

与其在未来防火防盗防闺蜜/师兄,不如现在近水楼台先得月。

最稳妥的,还是在国内时就酝酿一段志向相同的姻缘。

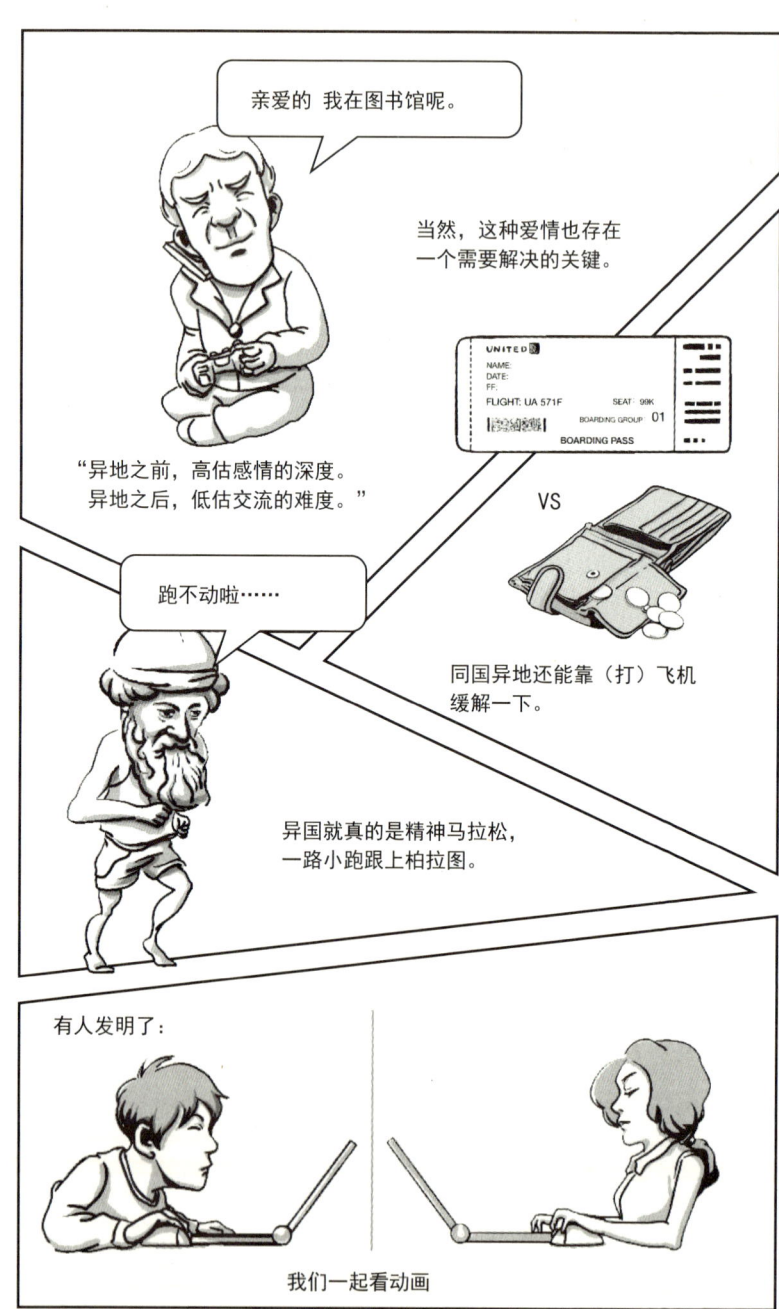

同飞

站在毕业的十字路口，大多数人都会面临各种各样的选择。

有的人犹豫是升学还是就业，有的人纠结是出国还是留校。

更有人为了是长相厮守还是远隔重洋而头痛不已。

一封录取信，一个出国梦。

是该为了学业的追求，放弃与另一半继续走下去的机会？

还是该为了另一半，放下对海外留学梦的执着向往？

有人可能会说，还可以跨国恋爱。可对此，大多数人的印象都不会是守候的甜蜜，而是在深夜等待对方睡意惺忪的声音时的焦虑，或往返团聚时身心的疲惫。有多少情侣熬不过这样的艰辛无奈分手，又有多少情侣苦撑多年却因为终于重逢时的陌生感而从此陌路。难道爱情与学业终归无法两全？

当然不是，如果你提前准备和规划，完全可以和心爱的TA一同远渡重洋。

一扫跨国分隔的牵挂、单调与沮丧，带着积极幸福的心态共同面对每一次挑战。

同飞的根本目的是让要出国留学的情侣能继续"在一起"，但在一起不仅包括一起学习，还包括一起交流、一起工作，更重要的是能够一起生活、相互扶持。所以单单局限于目前1到3年的短时间共同学习绝不该是最终诉求，更长远地相守和共同营造未来才是。

这样一来，你的未来将不再只是"一个人的未来"，而是需要在规划的时候抱着一份责任心去认真考虑彼此的未来，为职业与家庭发展奠定基础。要知道，在北美社会，一个有责任感、有家庭观念的人会受到信赖与尊重，而情侣作为经济共同体，享有信用记录、联合报税等经济优势。

那么，该如何做才能实现"同飞"呢？

首先，需要认真分析两个人本身的背景情况，确定两个人分别能够申请的学校档次。

然后，需要考虑双方专业领域的区别以及长期的发展规划，确定合适的地理位置和院校选择。

最后，根据以上两点确认双方的学校选择，从中寻找共同的部分或者在同一个城市／同一个地区的学校，并考虑不同城市及地区的交通和就业情况，确定最终的选择。

只有这样，你们最终才有机会完成一次真正的"同飞"，而不是靠一人的牺牲成全另一人，亦或是仅仅把异国变成异地。

07

录取的流程

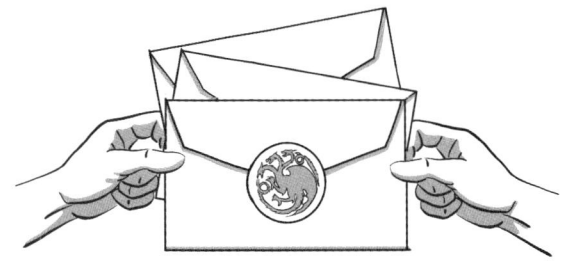

都来看看今年申请的小鲜肉怎么样。

在你申请的院系,一般会有半打左右的教授负责审核申请者的材料,这个组织叫做Admission Committee,而领头的被称为Committee Chair。

这个我觉得也还OK。

我觉得不行。

Committee通过斟酌申请者的材料,会挑出或成绩优良,或身负特长,或志向高远的人选。这个人数通常会比实招人数多出一些。

Send the raven.

随后,Committee会对一部分候选者发出第一批录取信。

优秀的候选者通常会收到不止一封录取信,不过TA也只能选择一所学校,然后拒绝掉其他学校的录取。

● 073

"Send the raven, again!"

在得到第一批候选者拒绝的答复后,Committee会对Waiting List候选者再发出至少一批录取信。

那要是第一批被录取的人迟迟不答复怎么办?

4.15

美国的很多学校,有一个统一的答复日期,即每年的4月15日,如果仍未答复则按被拒绝录取处理。

怎么还没来?

留过学的人大多知道申请是这样的

所以呢,暂时还没收到录取信的朋友们也不要着急,你可能不在Committee的Waiting list上,属于你的录取信不过是稍后就到,即使4月15号之后也不要丧失信心。

不经历过迷惘和煎熬,怎么破茧成蝶?

录取流程

在对自己有了正确的认知规划和定位之后,我们接下来要做的就是对学校的录取流程和评价标准加以了解,这样无疑会对申请有事半功倍的效果。

01 研究生招生的典型日期

研究生申请主要由各个院系的研究生招生委员会来进行。由于研究生的招生专业分类细、种类多,因此在招生时间上就显得更加杂乱。不同学校之间以及同一学校的不同专业的招生时间差别都比较大。同一学年的招生,最早的截止日期可能比最晚的截止日期要早半年之多。美国的研究生录取通常分为春秋两季,其中秋季作为主要的入学时间。下表列出了其招生的典型时间。

美国研究生录取的主要时间节点

类别	申请开始	申请截止	结果发放截止	学生答复截止
秋季入学	8月	2月	4月	4月15日
春季入学	7月	10月	10月-11月	10月-1月

02 申请材料的组成

美国的研究生招生一般会要求申请者提交以下全部或部分材料：
（1）成绩单（详见第八章）
（2）标准化能力测试（语言能力测试、研究生入学考试，详见第九章）
（3）简历
（4）陈述性文书
（5）推荐信
（6）在读证明/毕业证
（7）研究成果和研究计划
（8）标准化专业知识测试（例如 GRE sub）
（9）作品集

对于大部分的中国申请者来说（1）～（6）都是必不可少的材料，而根据申请不同的目标专业和学位，有可能会需要提交（7）～（9）的材料。

03 网申系统的提交

在目前的美国研究生留学申请中，绝大多数的院校都是通过学校指定的网上申请系统（以下简称"网申系统"）来完成申请信息的填写及相关费用的支付的。只有像成绩单、标准化考试成绩报告等少数几种材料还需要通过邮寄的形式送达目标学校。美国网申系统目前较常用的有五种类型，分别是 Apply Yourself、Embark、Apply Web、Apply Texas 和学校自行开发的系统。

● ApplyYourself 是目前最常用的美国留学网申系统，几乎有一多半的学校都是使用的这个系统。它界面明晰，操作方便，任何填错填漏的信息只要检查一下就有详细的定位链接提示，可以很方便地进行修改、删除、更换和重新发送。

- Embark 与 Apply Yourself 相似，较为简单易用，但使用 Embark 系统的学校并不多。
- 虽然应用 Apply web 的院校数量仅次于 Apply yourself，但它的界面相对老旧，访问速度也较为缓慢。其最大的优点是如果同时申请几所这个系统的学校，就可以在统一界面下管理，不需要频繁地登陆帐号和密码。
- Apply Texas 主要针对德州的学校，且部分德州学校需要同时完成该系统和学校自己的网申系统的填写。
- 目前也有部分学校选择自主开发的系统，或者使用一些较为小众的第三方系统。

04 申请材料的审核成

材料的审核一般由教授组成的研究生招生委员会进行，由委员会来共同决定录取的人员。某些高校可能会将录取权利下放给有招生需求的教授，只要申请者达到学校的最低标准，教授可以自行决定是否录取某一位申请者，不需要经过研究生招生委员会的其他成员认可。一般来说，授课型硕士的录取由招生委员会统一决定；而在很多博士的录取中，教授的意见则占了主导地位。在有些高校中，可能还会有行政秘书或者高年级研究生帮助进行材料的初步筛选和审核。

05 对申请者的评价

在美国的研究生申请过程中，招生委员会或导师会根据主观和客观材料对学生进行评价。客观评价准则主要包括以下几个方面：申请人的学历学位及成绩，标准化考试成绩等。相对地，主观评价准则则包括：申请人的科研经历及科研水平（如论文或专利），推荐信，个人陈述，研究陈述等。下面我们将分条介绍以上评价准则。

a. 客观评价准则：

● 申请人的本科学位以及成绩要求

研究生申请最基本的要求是申请人必须具有学士学位或被认证为具有同等学力。对于绝大部分中国高校的本科毕业生来说，其学士学位均被美国研究生招生委员会认可，但是，不同高校的毕业生本身可能会因自己学校的档次不同而有不同的评分。由于美国教授对于国内院校的认知有限，因此通常只对其非常熟悉的国内顶尖院校会有一定的加分，其余学校在大多数人眼里并没有明显不同。

同时，为了区分申请人的素质，一般的美国高校均会对申请人的大学成绩，即 GPA 作出最低要求。相比于高校的名誉及地位，这一要求往往非常之低，因此该要求仅为入门最低要求，或者说绝大部分仅满足此条件的申请人并不会得到录取。

● 标准化考试成绩

绝大部分美国高校研究生招生委员会要求申请人参加至少一项美国研究生入学考试，例如 GRE, GMAT 或 MCAT 等。申请人需要根据自己申请的专业和学校具体查询对应要求。

同时，所有非英语国家的申请人均需参加英语水平测试，美国主要认可的该类型标准化考试有两项：托福和雅思。

b. 主观评价准则：

与客观评价不同，不同高校、不同院系对申请人所需提供的主观材料要求并不相同，需申请人根据自己申请的专业和学校具体查询对应要求。通常来说，以下几项均为常见的主观材料要求：

● 申请人的科研经验

研究生，特别是博士生的招生委员会青睐优秀的研究人员。对于申请人来说，如果能够证明自己拥有卓越的科研经验，无疑会大大增加其被录取的概率。发表论文是证明科研能力的最好方式，如果论文发表在著名期刊上则更加具有说服力。当然，这对于本科刚毕业或即将毕业的申请人来说还比较困难。不过，即使发表不了第一作者文章或甚至没有署名，申请人只要参与了科研项目，即可将其经历表现在各类文书材料中。同时还可请求项目同僚们撰写推荐信陈述申请人在项目中的贡献，从而从侧面论证申请人学术能力及科研能力的方式。

● 推荐信

高质量的推荐信在研究生申请过程中价值非常高。一封权威的推荐信可以让招生委员会了解并信任申请人的学术能力，强调申请人的许多重要才能，尤其是当这些才能并不适合由申请人自己描述时。要注意的是，招生委员会每天都要面对大量的推荐信，如何选择推荐人则颇有技巧。一般来说，理想的推荐人应具备以下几项：

a. 身份为教授；
b. 充分了解被推荐人，时间越久越好，例如学术伙伴/同僚；
c. 具有国际认可的优秀学术经历；
d. 英语交流及写作能力优秀；
e. 如与申请人所申请的学校或院系有直接联系则更好。

● 个人陈述

个人陈述最重要的目的是使招生委员会坚信申请人有资质成为相关学术领域的出色人才。在个人陈述中，申请人需要通过描述自己的科研/实习经历，来展示自己的特职，例如申请人的主观能动性、在挑战面前的坚持、面对并克服困难的能力等。除此之外，个人陈述中也可以描述申请人的交流能力、与不同领域的人的合作能力等。如果申请人的学术记录并不理想，个人陈述也会是一个非常合适向招生委员会解释的契机，并尽量使招生委员会相信申请人依然是前景光明的学术人才。

● 研究陈述

虽然美国大部分研究生申请并不强制要求提供研究陈述，但作为博士申请者，如果能提供一份好的研究陈述，对于以科研能力为主要考察对象的研究生招生委员会来说，无疑会是重要的加分项。同其他主观申请材料一样，如何使自己的研究陈述与众不同并脱颖而出非常关键。

通过以上的描述，相信同学们已经大致了解了美国研究生申请的录取流程，在接下来的章节中，我们将从申请者的视角分块介绍在整个流程中需要的材料和操作，帮助大家更好地完成这一过程。

08

申请的硬指标

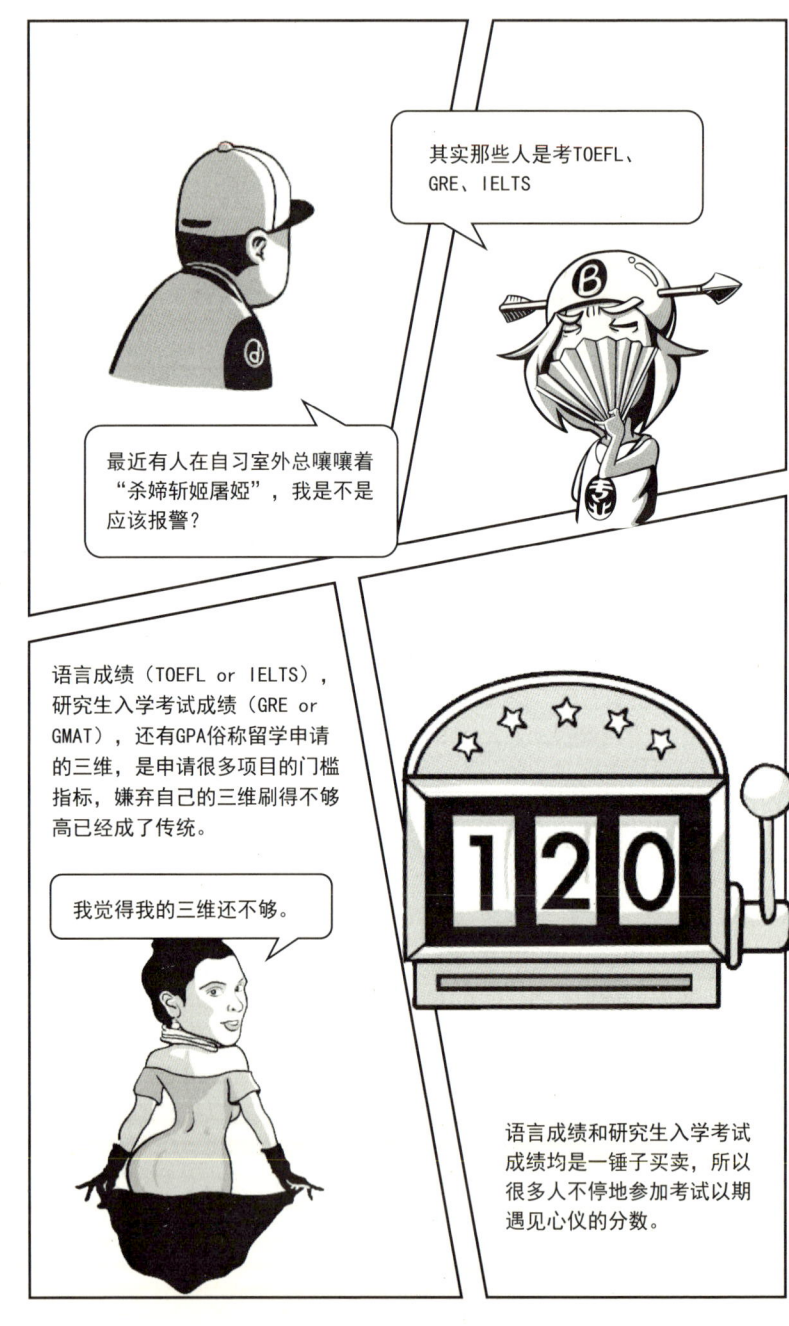

提升GPA是一个比较费力的过程，最大的诀窍就是——好好学习，每个学期都不掉链子。

老师，你这里有轻松愉快的课程么？

水课

GPA全称Grade Point Average，即平均成绩点数，就是将国内常用的百分制，转化为满分4或5的一个成绩体系。

第三遍，我要刷到90分！

除此之外，选修一些轻松愉快的课程，重修成绩不理想科目，都是可以参考的技巧。

所以说，再多的技巧都是锦上添花，不可逆天改命。

有的朋友大一大二没上心，基础课各种花式低空飞过，后期各种发力，结果GPA还是被死死压制在3以下，结果可想而知。

除了三维，申请时还会在意申请者的学校出身。

211 good，985 very good.

英国人

I only have 10 fingers, so I can count Top 10 univeristies.

美国人

英国学校通常理解211和985代表的意思，粗犷的美国人就不行，大概只知道中国最好的10所大学。

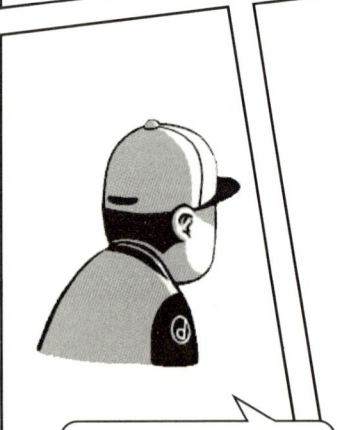

那既不是985又不是211有什么好的弥补办法么？

我们学校是青藏高原上最好的大学。

既不是985又不是211这种背景被称为"双非"，处于外国人认知的盲区。既然没有固定的标签，那描述就成了freestyle的热土。

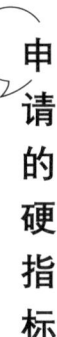

申请的硬指标

从上一章美国研究生的录取流程中可以看出，整体来说，录取会参考学生两方面的情况，即硬性指标及软性背景。

而本章将着重介绍申请中的硬性指标，也就是我们常说的"三维成绩"：GPA（在校成绩）、GRE/GMAT（研究生入学考试成绩）、TOEFL/IELTS（语言成绩），再加上本科/研究生所在学校本身的档次。

01 GPA

a. 什么是GPA？

GPA全称是Grade Point Average，即平均成绩点数，是大多数大学及高等教育院校所采用的一种评估学生成绩的制度。

b. 如何计算 GPA？

但是美国学校和国内很多学校的评分标准是存在区别的：美国常用的是 4 分制，而国内常用的是百分制。所以在申请美国院校时，我们一般需要将国内百分制分数转换成美国普遍认可的 4 分制，便于学校查看。但是国内的 GPA 算法千奇百怪，这个时候，选择什么样的算法就变得至关重要。

首先，我们来看看究竟有什么常见的算法可以选择：

● 简单 4 分制算法

如下表所示，这种算法其实就是简单粗暴地将国内百分制与国外的四分制进行了极大区间的一一对应，然后再计算加权平均数得出分数。但因为这种对应跨度大，囊括范围广，所以相对来说准确度就差很多。

百分制	四分等级制	学分绩点
90-100	A	4.0
80-89	B	3.0
70-79	C	2.0
60-69	D	1.0
< 60	F	0.0

● 北大算法

$GPA = 4 - 3 \times (100-X)^2 \div 1600$

X 是百分比的成绩（X 不得大于 100 或小于 60。X 若小于 60，GPA 为 0。）

北大算法算是非常主流的算法之一，其计算过程相对比较复杂，但是比较准确。

● **WES 算法**

WES（World Education Service）是美国非营利性组织，它为在美国或加拿大留学或工作的人提供证书认证。而 WES 成绩单认证也是许多美国大学对于国际学生的要求之一，尤其是对于公共卫生专业和部分商科专业的申请者。

从下表可以看出，WES 认证是将国内的百分制成绩按照对应区间换算成 4 分制成绩，再计算加权平均数得出。

百分制	四分等级制	学分绩点
85-100	A	4.0
75-84	B	3.0
60-74	C	2.0
< 60	F	0.0

虽然 WES 成绩单认证本身是收费服务，但是如果只是自行用他们的工具计算 GPA 则是免费的，同学们可以在他们的官网找到对应的计算入口。

● **浙大算法**

85-100 = 4.0；
60-84 = 1.5-3.9（每 1 分递增 0.1 分）

浙大算法在高分段和几个常见的算法类似，但在 85 分以下分段的区分更加细致。

● **各学校自己的标准**

正如前面所说，国内的 GPA 算法千奇百怪，很多学校都有一套自己的独特算法，对于这些特例我们就不再一一赘述了。

那这么多算法，该如何选择呢？

如果你的学校成绩单尤其是英文成绩单上本身就有 4 分制 GPA，那么以上这些算法对你来说就没什么用了，因为你只能按照学校成绩单上的数字来填写。

如果你的学校成绩单上只有百分制，那就从前面的各种算法里挑一个来计算自己的 GPA 吧，至于挑选原则其实非常简单：

哪个分高选哪个。

下面，通过对比不同算法，给大家推荐最适合的 GPA 算法。

	高数	大物	英语	化学	体育	GPA
百分制	95	85	80	75	70	NA
学分	6	5	4	3	2	NA
简单 4 分制	4.0	3.0	3.0	2.0	1.0	2.95
北大算法	4.0	3.6	3.3	2.8	2.3	3.41
WES 算法	4.0	4.0	3.0	3.0	2.0	3.45
浙大算法	4.0	4.0	3.5	3.0	2.5	3.6

通过上面的定量分析，我们可以大致的看出，整体上浙大算法、WES 算法和北大算法得到的 GPA 都会略高于标准算法，因此这也是目前比较主流的三个 GPA 算法，那他们三个又各有什么优势呢？这时候我们就需要从算法公式上来分析。

通过对比几种算法的公式我们可以看出，浙大算法在绝大部分分数段上都拥有一定优势，仅在你存在大量 60~65 成绩时表现会差于其他算法。

而表现相似的北大算法和WES算法，则根据不同的分数段有所不同，通过计算可以知道：

85~100 的分数段中，WES算法具有绝对优势
77~84 的分数段中，北大算法具有一定优势
75~76 的分数段中，WES算法占优势
68~74 的分数段中，北大算法占优势
60~67 的分数段中，WES算法占优势

综上所述，可以看出这两种算法是交替占优的，所以具体到个人，需要考虑具体各个分数段科目的分布情况。当然，与其这么分析不如干脆都算一下来得直截了当。

02 TOEFL/IELTS（语言成绩）

对于绝大多数中国申请者来说，都需要在申请时提交语言成绩。各个学校对于语言成绩的要求各有不同，但总体来说，语言成绩要求对于申请者更多是作为"门槛"而不是能力。换句话说，如果你达不到学校的基本要求，那一般很难被录取；但换个角度来看，学校也并不会因为你语言成绩特别高而直接录取你。就目前美国的整体申请形势来看，一般认为语言成绩达到100分（TOEFL）/7.0（IELTS）就可以达到大多数学校专业的门槛。

对于申请美国研究生的同学来说，通常会选择TOEFL考试作为语言成绩测试，但是近两年来看，已经有超过90%的学校也同时接受IELTS成绩。

另外，如果学生在英语国家完成本科阶段的学习并获得学位，可以向研究生学校申请豁免语言成绩要求。具体的豁免政策根据不同学校专业略有不同，需要具体查询。

03 GRE/GMAT（研究生入学考试成绩）

其实如果你查询学校官网，会发现很多美国高校都表示自己不强制要求学生提交 GRE/GMAT 成绩，但由于目前整体的留学人数不断增加，竞争越发激烈，所以基本所有申请者都会选择提交该成绩，以防止落后于他人。

一般来看，理工科和人文社科会接受 GRE 考试，而商科会接受 GMAT 考试，也有些项目可以接受两者，需要具体根据选校进行查询。

从成绩来说，一般认为 320（GRE）/700（GMAT）就可以算是比较达标的分数，在申请大多数学校时候都可以满足学校要求。

同样在分析了 ApplySquare（申请方）网站上 2001-2016 年超过 3000 个申请案例数据后，我们可以看出美国排名前一百（根据 US News 排名）学校录取学生的平均三维成绩和具体分布。

申请者类型	学校排名	平均 GPA	平均 GRE	平均 TOEFL
Master	1-20	3.54	321.16	105.39
Master	21-50	3.48	319.71	103.43
Master	51-100	3.44	317.99	101.99
Master/Ph.D.	1-20	3.63	323.26	106.31
Master/Ph.D.	21-50	3.57	321.92	105.86
Master/Ph.D.	51-100	3.56	321.85	105.17
Ph.D.	1-20	3.63	322.69	105.81
Ph.D.	21-50	3.58	321.35	104.58
Ph.D.	51-100	3.54	320.40	103.88

美国US News排名前100学校研究生录取者的三维成绩平均值

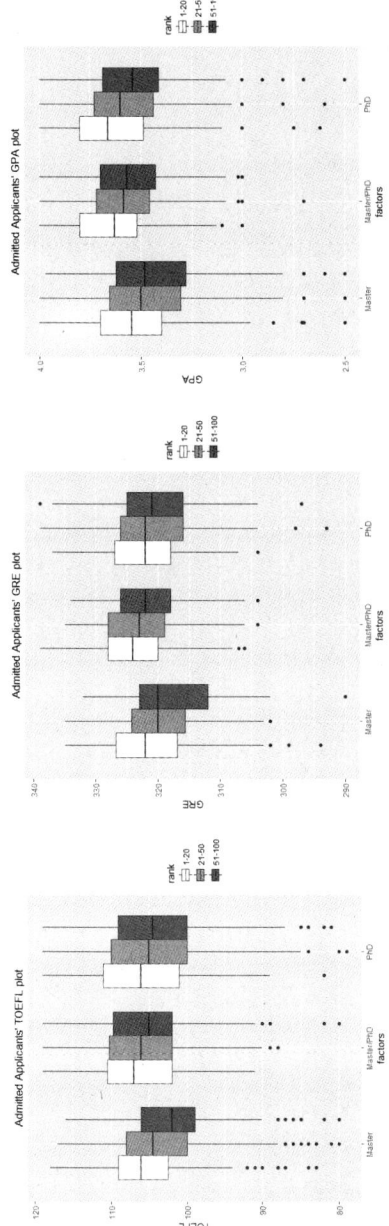

热门院校录取的申请者的GPA、GRE、TOEFL分布

04 所读学校的档次

学生本身所读学校的学校档次也会在一定程度上影响自己的硬性背景，其中本科学校的影响会大于研究生学校。但是需要注意的是，对于国内学生来说，本科学校档次并不能单纯地根据排名来决定，而更应该考虑学校在国外的影响力。就目前来说，除了国内最顶尖的几所大学，大多数国内所谓的"211"大学在美国高校眼中并没有明显的区别，多数情况下对方会根据之前录取的该校学生的学习情况来判断其学生的水平。因此，多关注自己学校学生之前的出国情况，可能更容易了解学校能给自己带来的影响。

以下是基于教育部涉外监管信息网数据的中国出国留学人数高校排行榜：

1. 浙江大学
2. 武汉大学
3. 中山大学
4. 北京大学
5. 同济大学
6. 复旦大学
7. 上海交通大学
8. 清华大学
9. 中国人民大学
10. 南京大学

常见误区：

1. 标化考试成绩越高越容易申到好学校？

正如前面所说，对于大多数美国的学校和专业来说，标化考试成绩只是作为筛人的门槛，而不会成为你被录取的加分项。所以在时间有限的情况下，如果成绩达到门槛就没必要继续盲目刷分，应该把时间花在其他真正能提高自己竞争力的地方。

2. 读研以后本科的 GPA 就不重要了？

很多同学，尤其是已经在读研究生的同学会认为本科时候的 GPA 那些都不重要了，只要有研究生的就可以了。而事实上，美国高校更加看重学生在本科期间的学校和成绩，因此较低的本科 GPA 或者较差的本科学校依然会对你的申请造成不良的影响。

09 英语学习的秘密

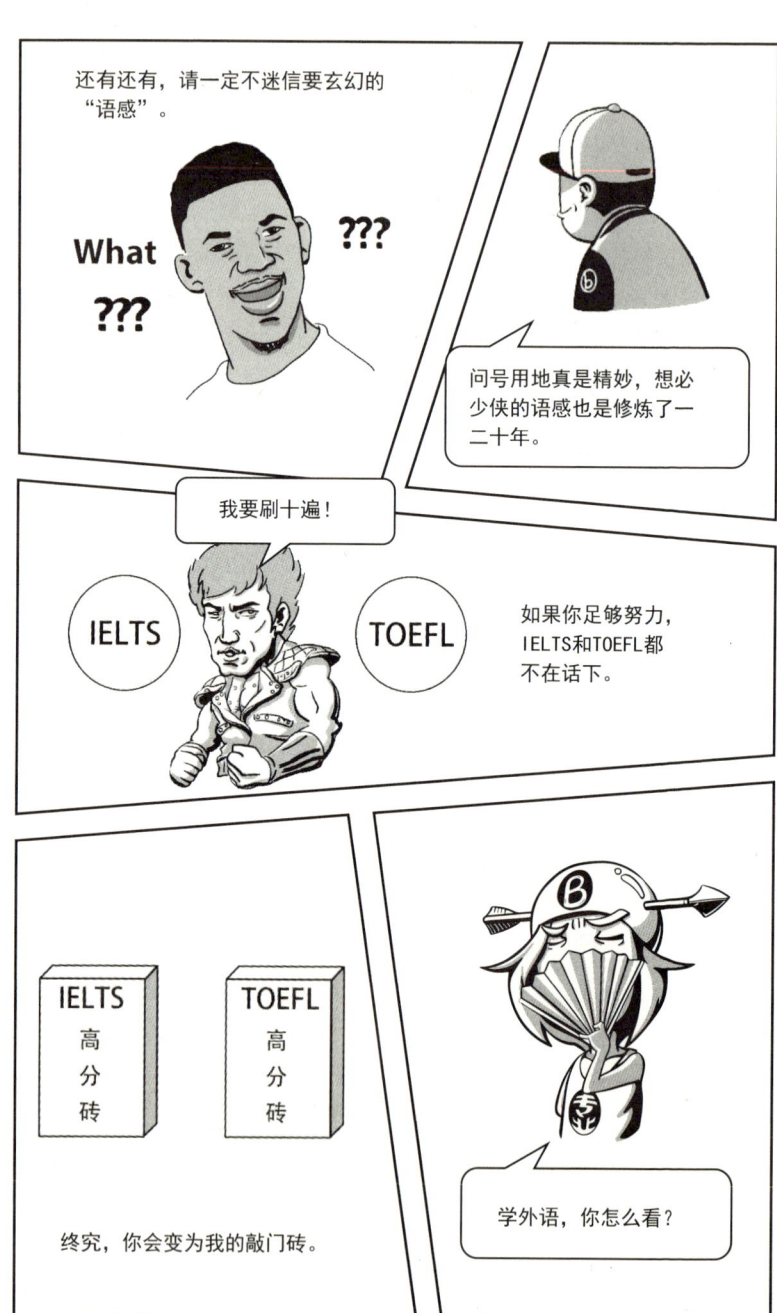

英语学习的秘密

在上一章中我们已经提过,在美国研究生申请过程中需要考核申请者的硬性指标,而其中标准化考试成绩是非常重要的一部分。在本章,我们将为大家详细介绍一下这些标准化考试的考试内容及报名方法。

总体来说,标准化考试分为两大类:英语能力考试和研究生入学考试。

01 英语能力考试

顾名思义,这个考试主要是测试你是否具有正常学习和日常交流的英语水平。这类考试都是专门针对非英语国家的学生的,比较常见的考试是托福(TOEFL)和雅思(IETLS)。美国基本上所有的学校都接受TOEFL成绩,90%以上的学校也同时接受IELTS成绩。下面我们分别介绍下两个考试:

a. 基本信息介绍：

● **TOEFL：**

托福（TOEFL）是由美国教育测验服务社（Educational Testing Service，简称 ETS）举办的英语能力考试，全名为 "the Test of English as a Foreign Language（检定非英语为母语者的英语能力考试）"，中文由 TOEFL 而音译为 "托福"。TOEFL 考试分为 PBT—Paper Based Test（纸考），CBT—Computer Based Test（机考），IBT—Internet Based Test（网考）三种形式。绝大多数同学参与的都是 IBT，所以后续介绍仅针对 IBT 的情况。

TOEFL 考试不设通过或未通过分数，各高等教育机构及组织会自行设定分数要求。一般来说，大部分美国大学的招生网站上会把申请要求设置在 80 分左右，但是从录取情况来看，100 分以上才会是比较有竞争力的分数。

● **IELTS：**

雅思考试（IELTS），全称 "The International English Language Testing System（国际英语语言测试系统）"，由剑桥大学考试委员会外语考试部、英国文化协会及 IDP 教育集团共同管理，是一种针对英语能力，为打算到使用英语的国家学习、工作或定居的人们设置的英语水平考试。根据考试目的，雅思考试分为两种类型，分别是学术类（A 类）和培训类（G 类）。我们出国读书时需要参加的是 A 类考试，所以后续介绍仅针对 A 类考试。

b. 考试形式介绍：

● **TOEFL：**

IBT 的考试是全称电脑操作，内容分四个模块：阅读（Reading）、听力（Listening）、口语（Speaking）、写作（Writing）四个部分，每部分满分 30 分，整个试题满分 120 分。考试总时长大概是 4 个小时，考完阅读和听力之后有 10 分钟的休息时间。

● IELTS：

IELTS 的考试模式是笔试加上真人口试，内容上和 TOEFL 一样分为听说读写四部分。其中听读写部分和 TOEFL 比较类似，口语则采用一对一的面试形式。面试更生动灵活，但也有学生怯场，需要在平时勤加练习。

关于每个部分的时长，下面简单的介绍下吧：
听力：近 40 分钟，4 个部分，40 道题；
学术类阅读：60 分钟，3 篇文章，40 道题；
学术类写作：60 分钟，2 篇作文；
口语：时长 11-14 分钟，3 个部分。

c. 报名相关：

● TOEFL：

① 全天 24 小时，随时可以在线报名。要确保报名时使用的姓名与你在考试当天携带的身份证明文件上的姓名完全一致。

② TOEFL 在大陆一年大概有 40 场左右考试，考点遍布全国，具体报名情况需要在官网查看。

③ 考试日期前 7 天截止报名，在考试日期前 4 天还可以补报，但需要支付额外的逾期费用。

④ ETS 对参加考试的次数没有任何限制，但是每个人每 12 天只能参加一次考试；也就是说如果你已经报名参加一次考试，那么你就不能报名参加距离此次考试时间 12 天之内的另一次考试。

- IELTS：

① 同 TOEFL 一样，也是全天可以随时在线报名。

② IELTS 每年有 48 个考试日期，在大陆 40 个城市 76 个考场举办。考生可根据需求选择最合适的考试日期和地点，具体报名情况需要在官网查看。

③ 口语部分需要在报名之后单独预约时间。

④ 一般来说，报名截止日期是为考试日的 12 个工作日之前，具体日期需要到官网查看。

⑤ 和 TOEFL 一样，IELTS 同样没有考试次数的要求，考生最多可同时预订 5 场考试，但是两场考试之间需间隔 7 天以上。

d. 关于费用：

费用	TOEFL	IELTS
报名费	1761 元	1960 元
逾期报名附加费	288 元	N/A
转考费	576 元	420 元

e. 考试评分的方式：

- TOEFL：

① 总分 120 分，每个部分 30 分；

② 人工评分员以及自动化评分方式相结合。

- IELTS：

① 每个项目单独计分，最高 9 分，最低 0 分。总分即是四个单项所得分数经过平均后，取最接近的整分或半分（允许出现半分）；

② 人工评分员以及自动化评分方式相结合。

f. 成绩相关:

● TOEFL:
① 平均是考试结束后 10 天左右可以查看分数。
② 平均考试结束 13 天左右开始寄送成绩,美国地区邮件递送需要 7 至 10 天。
③ 在报名的时候有 4 个免费邮寄成绩名额,也就是你可以免费将成绩投递给四所学校。如果超过四所学校,每个学校的投递费用是 134 元。
④ 成绩有效期两年。

● IELTS:
① 笔试后 10 个工作日左右可以查看分数。
② 成绩有效期两年。
③ 5 个免费邮寄成绩名额,额外成绩单需付运费,常用国家/城市快递运费表如下:

目的地	DHL 费用 (人民币)	EMS 费用 (人民币)
北京	- -	14
国内其他城市	- -	22
香港/澳门	82	- -
韩国	116	- -
新加坡/马来西亚	131	- -
日本	131	- -
澳大利亚/新西兰	176	- -
美国/加拿大	187	- -
英国/比利时/德国/意大利/瑞典/法国/西班牙/其他西欧国家	201	- -
波兰/匈牙利/捷克	201	- -
俄罗斯/乌克兰/其他东欧国家	347	

02 研究生入学考试

同样从名字就可以看出，这个考试是指申请研究生需要参加的考试。该类考试面向所有学生，而不只是国际学生。这类考试针对申请专业的不同，主要分为 GRE 和 GMAT 两种，下面分别介绍下两个考试：

a. 基础信息介绍：

● GRE：

GRE，全称 "Graduate Record Examination（美国研究生入学考试）"，由美国教育考试服务处（Educational Testing Service，简称 ETS）主办。GRE 考试分两种：平常所说 GRE 考试都是指 General Test，也就是一般能力或称倾向性测验（General Test or Aptitude Test），和专业没什么关系；第二种是专业测验或称高级测验（Subject Test or Advanced Test），也就是分专业的考试。考生需要根据自身的条件和申请学校的要求参加其中一项或双项考试。

● GMAT：

GMAT 是 "Graduate Management Admission Test" 的缩写，中文名称为 "经企管理研究生入学考试"，是由美国经企管理专业研究生入学考试委员会（GMAC）委托新泽西州普林斯顿的美国考试中心（ETS）主办的。和 GRE 考试相比，GMAT 考试主要是针对商科相关专业的研究生入学考试。

b. 考试形式：

● GRE：

① 考试形式：机考（只有极个别地区才会有笔试）

② 考试结构：General Test 包括以下三个部分：词汇（Verbal Reasoning）,数学(Quantitative Reasoning)，写作(Analytical Writing)，也就是我们常说的词汇、数学和写作。

③ 考试时长：4个小时左右，词汇和写作部分穿插进行，最后考作文部分。

● GMAT：

① 考试形式：机考

② 考试结构以及时长：GMAT考试由4个部分组成：分析性写作、综合推理、定量推理和文本逻辑推理。

GMAT 考试结构	题目数量	题目类型	考试时间
分析性写作	1 篇	论证分析写作	30 分钟
综合推理	12 题	图表解读 二段式分析 表格分析 多源推理	30 分钟
定量推理	37 题	数据充分性分析 问题求解	75 分钟
文本逻辑推理	41 题	阅读理解 批判性推理 句子改错	75 分钟
考试时长			3 小时 30 分钟

c. 报名相关：

● GRE：

① GRE 在大陆一年大概有 30 场左右考试，考点遍布全国，具体报名情况需要在官网查看；

② 转考：距考试日 10 天前（不含考试日和申请日），可以申请转考；

③ 距考试日 10 天前（不含考试日和申请日），可以取消考试。成功申请取消考试，可以获得考试费用 50% 的退款；

④ 21 天之内不能重复参加考试，也就是说如果你已经报名参加一次考试，那么你就不能报名参加距离此次考试时间 21 天之内的另一次考试；

⑤ 一年只能参加 5 次考试；

⑥ 成绩有效期为 5 年。

● GMAT：

① GMAT 考点遍布全国；

② 可以申请转考（具体时间和费用见下方费用表）；

③ 可以退考（具体时间和费用见下方费用表）；

④ 两次考试的间隔时间至少是 16 天；

⑤ 每人一年最多只能考 5 次，一生最多只能考 8 次（从 2016 年 12 月 17 日开始计算）；

⑥ 成绩有效期 5 年。

d. **费用相关：**

● GRE：

GRE 考试费	人民币 ¥1456.00 元
GRE 考试转考费	人民币 ¥356.00 元

可以通过支付宝或首信易进行支付。

- GMAT：

GMAT 产品或服务	费用
GMAT 考试费用	250 美元
GMAT 转考费用 考前 7 天以上转考 考前 7 天以内转考	50 美元 250 美元
GMAT 取消考试 考前 7 天以上取消考试 考前 7 天以内取消考试	退费 80 美元 不退费
额外的成绩单寄送	28 美元 / 份
详细的成绩单报告	24.95 美元
取消成绩（离开考场之后）	25 美元
恢复成绩	50 美元

e. 考试评分相关：

- GRE：

① 分数区间：

词汇：130-170 分，

数学：130-170 分，

写作：0-6 分。

最低分为：130+130+0；最高分为：170+170+6。

② 词汇和数学是机器评分，因此考完当场会出分。

③ 写作部分需要 10 个工作日左右出成绩。

④ 有四个免费送分名额，但是这四所学校你须在考点完成考试后填写。如果当时不填写，之后你需要支付额外的费用来进行寄送。

⑤ 额外的成绩单寄送，每份 27 美元。

● **GMAT：**

1. GMAT 考试总分的范围是 200 到 800 分；

文本逻辑推理和定量推理成绩在 0 至 60 分之间；

分析性写作评价（AWA）成绩取决于争论论文分析的成绩。论文会有两次互相独立的评分，然后以两者的平均分为最终成绩。AWA 的分值范围是 0 到 6 分，以 0.5 分为间隔。

注意：GMAT 考试总分并不是简单地各项分数想加，而是根据考生答题时的正确率、错题的位置、错题的连续程度等很多因素共同计算出来的，因此无法直观地从单项分数判断总分。

2. 因为选择题都是机器打分，因此当场就会有非正式成绩单，其中包含文本逻辑推理成绩、定量推理成绩和总成绩。

3. 写作部分则需要 10 个工作日左右（20 日以内）出成绩。

4. 在考试日之前，可以选择 5 个免费邮寄成绩的学校地址。

5. 在考试日之后，如果进行成绩单寄送，则需支付每份 28 美元。

以上就是本章节关于英语能力考试和研究生入学考试的基本介绍，针对这一部分，如果有更多问题请登录考试对应官方网站进行了解。

常见误区：

1. 不能多次刷分。除了 GMAT 外，其余三种标化考试在寄送成绩时均可以挑选某一次考试成绩进行寄送，因此多次刷分并不会影响后续寄送成绩。

2. IELTS 比 TOEFL 好考。虽然一般认为 IELTS 的考试难度会略低于 TOEFL，但实际上对于大多数美国学校来说，对于 IELTS 的要求也会高于 TOEFL，所以从准备考试的角度来说并没有特别大的区别。而考虑到美国寄送的方便性，还是比较推荐选择 TOEFL 考试的。

背景的提升

直到1872年，曾文正公派30名幼童赴美留学，践行"师夷长技以自强"，真乃"中华创始之举，古来未有之事"。

在全体返国幼童中，诞生了国务总理1人，铁路局长3人，外交部长2人，铁路官员5人，公使2人，铁路专家6人，外交官12人，矿冶专家9人，海军元帅2人，海军军官14人……

但中国的留学教育在1937-1977年间，因世界风云变幻莫测，在长达40年的时间里，留学人数不过数万。

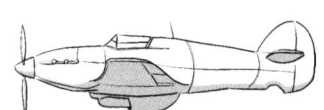

World War II

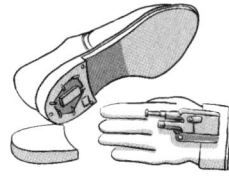

Cold War

组织派你出去"潜伏"。

20世纪80~90年代，总计有30多万人前往一百多个国家和地区学习，中国的留学教育开始复苏，但由于经济水平的差异，此时的留学生多需要国家公费支持或国外奖/助学金支持。

2000年以后,随着中国GDP的腾飞,自费负担留学开销成为可能,越来越多的学生开始加入留学大军。

在21世纪初始10年,名校申请比拼的是四大件:学校出身、GPA、外语水平、GRE。

那个时候,大陆学生的背景差异性不大,考虑到学校增强文化差异性的目的,能够在同一所名校的大陆申请者中依靠四大件脱颖而出,就可以走进名校了。

获得霍格沃兹的交换名额了!

最近几年,国人希望可以通过自己额外的努力满足对于名校的渴望,千方百计地提升自己的背景。

比如,某个学期去心仪的学校做个交换生,提早认识一些导师。

比如,假期去对口实验室做科研,去知名公司做项目,丰富一下经历。

这时候,很多人感觉到,申请名校越来越难了。四大件变成入场券,背景的厚度才是一决胜负的重头。

大甜甜

简历上没点海外经历都不好意思跟人打招呼。

虽然我科研很牛,但我们方向不一样,推荐信不一定管用。

又比如,去参加国际学术会议,与科研大牛交流一下自己的成果,说不定就拿到了梦寐以求的推荐信。

少侠,我看你筋脉奇特,是块出国留学的好材料。

其实,这是教育全球化的必经之路,中国留学生可以依靠自己的实力与世界各地才俊竞争。

你怎么可以没有背景?!

背景提升

在美国研究生的招生过程中,除了前面提过的硬性指标(详见第八章)外,最主要的一个参考因素就是学生的软性背景,包括学生的各类工作、实习以及科研经历。由于大家日常的学习压力都很大,所以大多数背景提升活动会选择在假期进行,而受限于国内寒假的特殊性(过年),所以基本中国学生会选择参加暑期项目来提升自己的软性背景。

所以在本章中,我们将分别给大家分析下不同类型的暑期项目能给美国研究生申请带来的帮助:

01 海外的暑期项目

a 暑期学校 Summer School

简介:
暑期学校,即美国大学在暑期(一般是6-8月)对学生开放的暑期课程。

绝大多数的暑期学校不仅对美国本土的学生开放，也对国际学生开放。不同学校的暑校项目面向的学生群体也不一样，国内大一到大三的本科生和在读研究生都可以申请；同时，暑校开设的专业也不一样。暑校课程设置一般有学分课程、非学分课程和语言课程。

申请相关：

暑期学校申请时间跨度比较大，有些学校的申请截止日期在前一年的11-12月份，有些学校的截止日期比较晚，会在当年的4-5月份。一般来说，暑期学校对TOEFL成绩的要求不会很高，基本在80-100之间就能满足要求，而且现在一些学校也允许学生用四六级的成绩来申请。虽然暑期学校项目在所有海外暑期项目里面是难度相对较低的，但由于申请的中国学生很多，竞争比较激烈，申请成功后，也有可能遇到班里一半以上都是中国学生的情况。

花费：

暑期学校的花费根据学校和课程多少有所不同，以哈佛大学为例，时长三周的生物统计暑期课程，每学分\$2,920，一般一门课3-4学分。其他学校和课程信息，都可以在学校官网上查到，非常方便。

优势：

有些暑期学校的课程可以兑换国内学分，整体不会太难，可以拿到比较好的成绩，弥补国内GPA的不足。除此之外，也有机会拿到海外（课程）推荐信，同时一定程度上提高语言水平。

劣势：

暑期学校课程种类不是很多，有一些学校授课老师的水平有限，有些时候可能就是某位研究生助教带课，所以大家在选择课程时要多做些功课。除此以外，暑期学校的学习内容比较初级，对于想做科研的学生不太适合。如果你已经是大三，而且想要申请Ph.D.，就不建议申请暑期学校了。

b 暑期科研 / 实习 Summer Internship

简介：

暑期科研 / 实习是指学生去联络国外的教授，表明对他的研究方向很感兴趣，想利用暑期时间，去这位教授的实验室做一些支持性的工作，丰富自己的经验，与老师建立较好的关系。其意义在于拓宽学生的眼界和思路，获取科研机会与成果，甚至能有科研产出，比如发论文等。如果是跟着名校名导师，还能争取之后获得海外牛推的机会，这对于博士的申请有巨大的帮助。

申请相关：

暑期科研 / 实习比较适合实验性学科或理工科学生参加，在申请时间上越早越好，一般 3-4 月开始为妙，但考虑到签证，建议前一年的 12 月份就开始准备。其申请渠道一般有以下几种：

首先是学校招收实习生。这种有一定的实习补助，但这种竞争非常激烈，而且大多要求是美国本土学生。

其次是通过邮件与感兴趣的老师联系，在经过一系列的笔试面试后，老师会帮学生跟学校联系来办理签证的材料事宜（比如 DS-2019 表）。

除此之外，成功率更高的方法是通过在读学校或者自己教授的学术网络，比如北京师范大学心理系的学生，基本上是通过学校申请到的海外科研机会；比如清华北大的学生，很多本校的老师自己有资源，可以推荐学生到国外的教授那边去做 Summer Internship 或者是远程参加一些科研项目。如果身边有资源的话一定要积极争取。

花费：

暑期科研/实习一般没有工资，需要学生自己解决往返机票，以及在美国的食宿、交通等费用。美国的日常生活花费由于地区不同还是有很大差异的。如果学校在乡村小镇，一间卧室的月租大概是 $300-$500，每天吃饭大概在 $20 左右，自己做的话会更便宜。交通费每个月大概 $100 左右。如果学校在大城市一间卧室的月租会在 $800-$1500，甚至更贵，吃饭和交通费用也会有所增加。但如果是通过自己学校申请到的话，一般学校会给补助，补助可能会在几千美金左右，基本能解决机票和部分生活费。

c 暑期学术会议 Summer Conference

简介：

一般在暑期，美国会有很多重要的学术会议举行，比如某些学科最大的年会。中国学生可以报名、注册，来参加这种形式的大型会议。期间，学生不仅可以见到众多本方向的牛人，获得很好的套磁机会，还可以讨教如何申请 Ph.D. 的经验，了解大量第一手的信息和资源。 而且也可以从众多演讲中解读毕业后如何找工作，了解某些研究方向的发展前景。这样的一段经历结合你从中获取的申请相关信息，将对你的申请起到很大帮助。

费用：

注册费，通常在几十到几百美元之间不等。同时往返机票和食宿行也是需要自己负责。参加方式基本上是作为发言人或观众参加，像比较大型或高端的会议可能还需要对申请者进行甄选，这也是有一定难度。

02 国内暑期项目

a 暑期志愿者活动 Volunteer Experience

志愿者类的经历其实对大多数专业的研究生申请帮助不大，主要是让学校感受到你乐于奉献、关注社会的精神品质，同样也是扩充文书内容、撰写个性化文书的可用素材。

但对于某些特殊的专业，例如 Social Work（社会工作）、MPA（Master of Public Administration，公共管理硕士）、MPP（Master of Public Policy，公共政策管理硕士）等，却有非常重要的意义。因为这些专业的学习研究内容以及后续的职业发展比较偏向公益活动、政府机构、非营利组织等，所以会非常看重学生的社会责任感以及类似支教、志愿者这类的经历。如果有非常知名的活动的志愿者经历或者非常杰出的支教经历，将对申请起到非常大的积极作用。

b 公司类实习 Internship

公司类实习经历适合以工作为导向的专业申请，尤其是商科申请。除了让学校了解你能够学以致用、接触前台业务、有实操经验并了解真实的商业社会，还能够很好地表明你的申请动机。换句话说，你能够通过实际经验表明你需要研究生及以上学位的、更为系统的教育，这对于文书的写作是很好的素材。

对于公司的选择，最好是能够去外企或在国内业界比较有名、有一定国际影响力的企业。申请途径比较简单，可以通过国内各大招聘网站或学校自己网页的工作中心找到。一般大型外企都会组织暑期实习，建议同学们及早准备材料进行申请。

当然，找实习还要看实习内容是否对口、方向是否匹配，特别是你以后要留学申请的话，实习公司的声誉以及方向对口的工作内容会为你的背景提供非常好的提升机会。

c 科研项目 Research Experience

参与科研类项目对博士和硕士的申请都是非常有帮助的，对于博士的申请尤为重要。在本校实验室延续上课期间的科研较为容易也很有帮助，因为这样能够表明你的科研的连续性、稳定性。如果想申请到校外其他老板的实验室或者其他研究所，则可以通过自己套磁。这里最好能有之前的老板出一封推荐信。因为同一个专业的学术圈里，很多教授之间会有联系，他们的推荐可能很有用，再加上自己的套磁，成功概率更大。

科研项目虽然在国内，但老板的人脉可能会延展到全球，很有可能有机会通过老板的人脉使你进入国外的实验室。除此之外，如果能够拿到国内的牛推，也可以说是博士申请助推器。同时，如果能够再做出一定的成果、发表署名的文章，对 CV 上更是锦上添花。

科研项目并不一定是要在学校的实验室或者研究所里进行，像微软亚洲研究院（MSRA）、百度的实验室、赢创、辉瑞制药这类国内大型科技互联网公司、化工企业、制药公司的研发机构都有科研岗位可以申请，有这样的科研经历也会让你的文书材料充实而引人注目。

常见误区：

只有申请博士才需要科研经历？

很多同学认为申请硕士并不需要科研经历，毕竟大多数硕士项目都是求职导向的。其实不然，因为现在每年申请人数都在提高，使得竞争非常激烈，在这种情况下，单纯拥有优秀的硬性指标已经很难从人群中脱颖而出，一些必要的科研经历将对申请非常有帮助。除此以外，科研经历可以拿到科研推荐信，这比课程或实习类推荐信更加丰满，是非常有意义的申讲决策材料。

‖

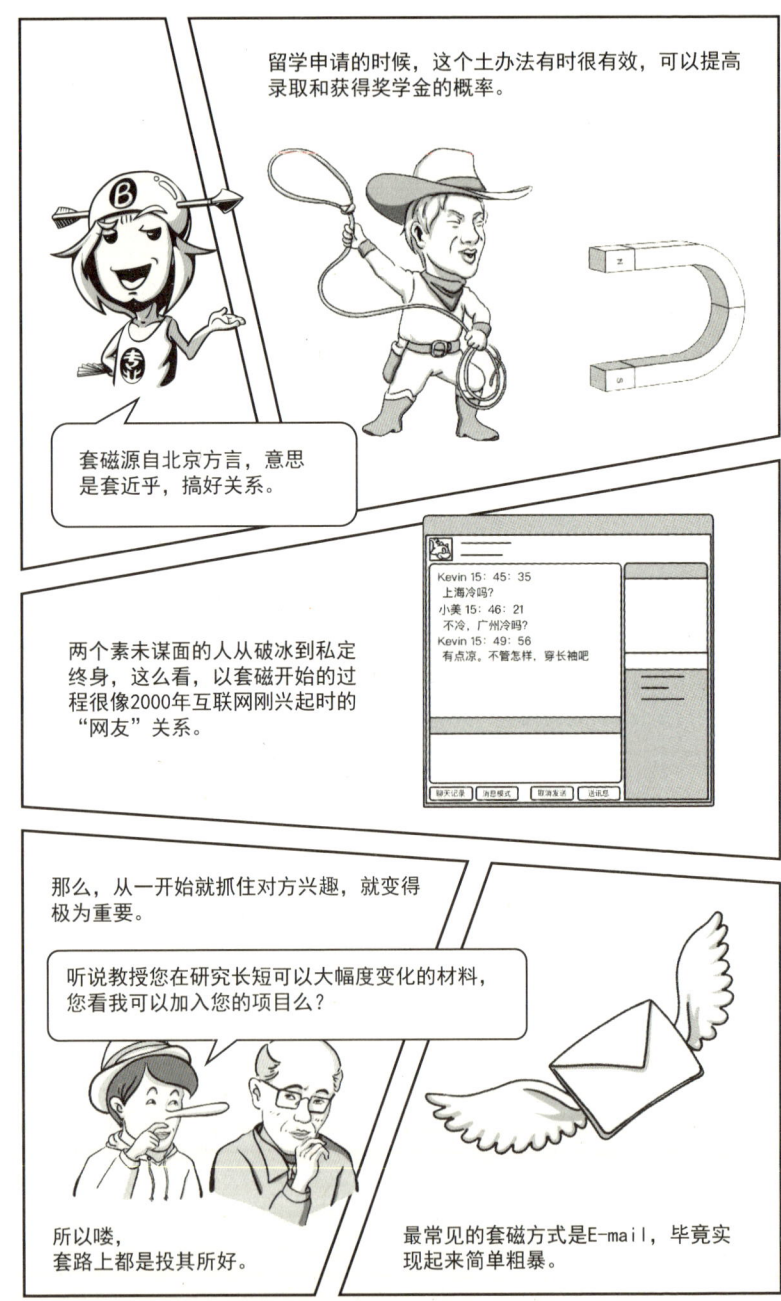

邮件套磁也分不同派系。

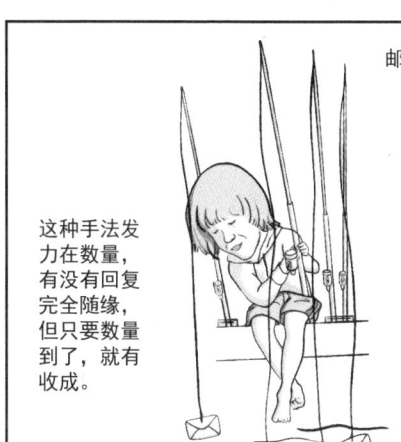

这种手法发力在数量，有没有回复完全随缘，但只要数量到了，就有收成。

这种手法贵精不贵多，找准目标才步步紧逼，精髓在于成功率。

哎，好巧啊，你也做这个方向？

除此之外，最近几年又相继开发出了会议套、访校套、推荐套等等新方法。

会议套顾明思义就是找准学术会议，借此跟潜在目标"不期而遇"。

套磁现在已经不拘泥于申请前后了，部分早期的"套儿"有了意外收获。

少年，加入我的项目，可以让你的鼻子变得更长哦！

比如一个暑期的科研机会、一封推荐信、甚至是隔壁教授的直招机会。

What are you waiting for?

套磁

在上一章中，我们提到了很多背景提升方法，例如暑期学校、暑期科研等，都需要先主动和教授取得联系，而这一行为在留学申请中通常被称为"套磁"。"套磁"是北京方言，意为套近乎、拉拢关系。而在这里，套磁则是一种以争取录取或者其他学术机会为目的的自我展示和推销的手段。

通常步骤是申请者通过 E-mail 或者其他方式与目标学校的有关教授联系，通过良好地沟通来增进对彼此的了解，让对方意识到申请者的闪光点，从而被录取或者获得学业机会。

01 什么情况需要套磁？

对于不同申请类型，套磁的重要程度也有所不同，从高到低分别是

a 申请博士
b 申请研究导向的硕士
c 申请非研究导向的硕士

02 什么时候应该套磁？

a 早期套磁：

比较早的套磁在申请季前，也就是6-8月份就可以开始。由于时间非常早，不少教授还并不清楚来年是否有招生计划，也许无法给出准确的答复。但由于此时套磁人数较少，所以如果实力够优秀，会起到很好的效果。

b 套磁集中期：

一般9-11月算是套磁相对集中的时间段。这个时间是美国大部分申请提交的截止日期结束以前，类似于提交申请材料后跟教授打招呼。大量美国本土学生会选择在这个时段开始跟教授交流、实地考察等等。这段时间很多中国学生还在忙着准备考试、写材料、网申、寄材料等，往往忽视了套磁，所以这个时候发信教授的回复率还是相对高一些的。

c 晚期套磁：

晚一点的就到了12月15日-1月初这段时间。这个时候，大部分博士申请的截止日期已经到了。美国学校都在放寒假，而假期时间大多数教授都不工作，也不回复工作邮件，所以这个时间套磁回复率不会太高。

d 套磁的另一个高峰期：

等到1月初到2月底，这又是教授收到套磁信的一个高峰时间。这个时候也意味着最后的机会了，竞争激烈程度可想而知，所以大多数学生不想在这个时段和优秀的竞争者"撞车"。当然，此时有招生需求的教授也会给他们心仪的候选学生们发邮件邀请面试,也被称为"反套"。

03 应该套什么样的人?

在套磁对象的选择上,一般以教授为主,而学校里的教授分为以下几种:

a Distinguished/Endowed Professor(特聘教授):

这种一般都是超级大牛,通常为特聘教授、讲席教授或杰出教授,类似于院士。

b Professor(教授):

学校教职人员中资历很深的一个群体,一般"工龄"10年以上,培育过大量学生,也必定收到过大量的套磁信,基本形成了固定的招生习惯。如果其对学生感兴趣,一般很快就会回信;如果迟迟不回,极有可能没戏。

c Associate Professor(副教授):

学校教职人员中已经拿到 Tenure(终身教职)但还没有被评为教授的人,处事灵活,要求也高,招生时非常谨慎,主要取决于他们的科研经费,经费多时可能好几个项目并行,论文产出率极为可观,但也可能遭遇经费问题导致无力招生。

d Assistant Professor(助理教授):

几乎所有的教职员工进入学术界后都会经历5年以上的助理教授时期,这段时间不是终身教职,因此助理教授们科研压力都很大。但是他们一般都有启动资金(可能多达$3,000,000),加上课题组规模小且时间短,没有形成固定招生习惯,因此套磁回复率相对较高。

一般而言，助理教授急于搭建自己的实验室，招兵买马，所以对学生的需求可能更大。另一方面，系里一般都会考虑到助理教授刚开始没有学生，所以一般都会先给他们招几个。至于教授，无论是实验室运转还是招生数量都维持在一个相对稳定的情况，很可能都是一两年才招一个新学生。具体取决于实验室目前是否饱和，是否有项目更新等客观问题。而副教授的情况则介于两者之间。

申请季套磁时，建议排序为：招过本校学生任意类型的教授 > 助理教授 > 教授 > 副教授，另外可以优先考虑华人教授（偏好招中国学生）和负责当年招生组的教授（注：这个一般很难打听，需要通过别的渠道进行打听）。

04 如何找到套磁对象？

接下来我们举例说明：

我们这里假设有一个想申 Harvard 生物工程博士的学生小 A。

首先，小 A 打开哈佛生物工程的 "Faculty"（教职员工）页面，逐一点进各个教授的个人页面看他们的学术生涯经历简介和研究兴趣，关于课题组正在进行的项目可以在实验室主页的研究内容下看到，另外还能在 "Group Members"（组内成员）里看到成员名单。有的教授也会把自己的招生需求放在 "Positions"（职位）或 "News"（新闻）下，小 A 应该留意关注一下该课题组是否有博士的招生需求。

当小 A 认真地看完了教授们的研究主页，对于整个系的科研也有了一个粗略的了解，并且能筛选出自己很有兴趣的 3~5 个教授（注意：当看完某学校一个系所有教职员工的实验室主页后,如果有意向的教授数量少于等于2个,应当考虑把该校设为备选甚至放弃,因为这种情况下申请者的选择余地很小,即便拿到录取能进心仪实验室的概率也不大)。

在这些小A有兴趣的导师中,结合我们之前推荐的顺序(注意仅做参考,而非绝对的优先套磁顺序),小A选择1~2个进行套磁(建议不要同时套磁两个导师,不过可以同时进行调研准备,如果第一个导师迟迟不回邮件,可以尝试一下第二个导师)。

套磁之前需要进行什么准备?

首先,在给心仪导师发出套磁信之前,应该多多研究导师最近发的论文和实验室正在进行的科研项目,这点可以通过互联网的搜索引擎进行寻找。

然后,在找到论文之后,可以通过以下这些步骤进行阅读:
a 看文章摘要:文章摘要是我们在未下载之前最先且免费看到的内容,在这里它会说明研究的目的性,简要介绍下研究方法及结果,显示出结论。此时看完摘要,我们就会对该篇文章的框架及研究意义,以及是否需要我们进一步了解有了定论。
b 看结论:阅读了摘要,接下来我们暂不看方法和材料,直奔结果,这里包括图、表、图例,根据注释和说明对实验结果有了判定,并猜想一下作者意图和结论,带着这些问题再回头详细阅读,看看能否与作者共鸣,有没有思想偏差。
c 看讨论:讨论是文章的核心部分,这可谓是思想的汇集,脑洞大开的关键,有助于我们把握全局、总结最新科研动向,明确热点与盲区,对今后的实验指导意义重大。作为一个Ph.D.申请者,如果能从讨论部分激起兴趣或引起共鸣,也能作为后期套磁的基础。
d 看实验方法和设计细节:作为一个学生,很可能对文章中涉及的实验方法都不熟悉,但这并不影响你学习这个科研方法。遇到陌生的实验技术名词,可以跳出文章进行查阅学习，实验设计上存在质疑可以与现有的导师讨论，甚至可以发邮件"骚扰"文章的第一作者。

阅读更多的相似文章，进行总结和知识框架的搭建。

当你阅读了3~5篇目标教授近期发表的论文，并对其科研方向有了一个大概的把握后，就可以开始考虑发出诚意满满的套磁信了。

在发出这封套磁信前，你需要想清楚几个问题：
● 我喜欢这位教授的科研方向吗？
● 我对他的科研方向了解多少？
● 我之前的科研背景和他的科研方向有联系吗？如果没有，可以建立联系吗？
● 在他这个科研方向，我想要在哪些科学问题上深入？这些工作和我的兴趣是否相符？

如果你在阅读了相关文献，自学了解了导师的科研课题，并能够自答以上问题，就可以开始写套磁信了。

05 常见的套磁信有哪些类型呢？

a 重点目标个性化的套磁：

如果按照上文的流程通过浏览目标教授的网站和之前发表的研究论文，对于他/她的研究方向建立一定程度的了解，自己也做了一些功课之后，你对对方用到的研究方法有了独特的见解，就可以发一封信说一下自己的想法，并顺带说明自己在申请博士，希望能在他/她的手下工作。另外还需要提到自己具有哪些方面的技能，这些技能如何能够促进对方的科研进程。

b 一般目标群发的套磁：

如果没有时间去一一读老师（论文），可以用海套的方式：直接介绍一下自己的基本背景，问一下对方招不招人。这类套磁信写起来困难不大，但成功率相对比较低，当然教授看到这样的信也知道学生是群发的，但是如果遇到各方面竞争力都比较高的学生的话，很可能也会有兴趣回复你。

常见误区：

1. 在进行学术套磁时，时刻要牢记教授已经在领域内研究了很多年，而你作为学生只是略懂皮毛，因此千万不要为了"问问题"而问一些肤浅甚至明显错误的学术问题，更不要随意对教授的工作提出质疑。套磁前我们读论文不是为了去质疑教授的学术严谨，而是为了加深自己对该领域的理解，从而在发出套磁信时更有针对性和底气。

2. 不要同时套一个系里的多个老师，因为很有可能他们聊天、开会、审材料时候会发现，这样就会影响对你的印象，认为你"学术不专一"。

12 文书,

申请文书是很多学生的一道坎。

绝大部分学生在这个过程中都经历了精神的洗礼和思想的淬炼。

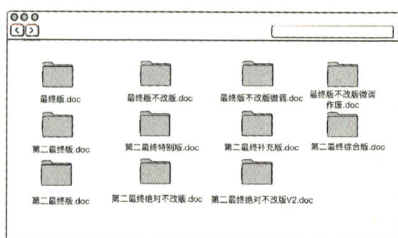

要是我是native speaker就好了!

我是native speaker也写得撕心裂肺啊!

所以不要将责任推卸给诸如"外语不够精熟"这种理由。

Dear XXX,

Sincerely yours,
大成至圣先师

在写作文书可以不求感天动地,但至少要入乡随俗,符合标准。

书写PS时,名言警句就不要拿出来拉大旗作虎皮了,毕竟一般外国人理解起来很困难,况且这也不是高考作文。

Personal Statement

"为中华崛起而读书。"
Study for the Rise of China.

让你哥、你父母都来报道！你就算了。

在PS里叙述个人成长的时候呢，也不可写成家庭的颂歌，毕竟这是你自己的"个人陈述"。

CV上并不适合你展示6位QQ邮箱，毕竟招生官也没有QQ超级会员。

RL不需要面面俱到地将你描述为高大全，言简意赅反而有可能情真意切。

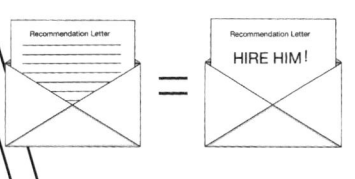

JUST DO IT
（就是干）

MAKE THE CHANGE
（干出花样）

在CV上就不要那么放肆地出现了，毕竟这就好比你用中文写了个"我干"。

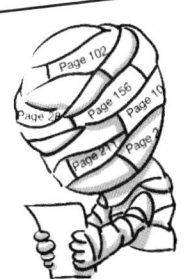

要不要写好文书，就看你后面有没有仔细读了。

还有篇幅！篇幅！篇幅！重要的事情说3遍，30页的PS，5页的CV，3页的RL那都是反人类。

文书

说到申请材料,最重要的就是文书了,其中以 CV(Curriculum Vitae 简历)、PS(Personal Statement 个人陈述)和推荐信最为常见。

CV、PS 是从学生自己的角度出发,向招生官展示自己。而推荐信则是通过第三方的视角来相对客观地评价该学生。当然除了以上三种,还有其他类型的文书,比如 Personal History Statement,Research Proposal,Writing Sample 等等。但因为篇幅关系,本章中我们主要讨论 CV、PS 和推荐信。

01 CV

总的来说 CV 就是对你学业生涯的一个详细的描述,一般会写一到两页。通常包括以下这些内容和结构:

a CV 的结构

- **Contact Information（联系信息）**

信息一共有三点，一个姓名，一个是邮箱，还有一个是地址。姓名需要注意的就是因为中国的姓与名的顺序与美国不同，所以要按国外的写法，而且在姓和名中间一定要有空格。另外，邮箱一定要和你申请账号中的 Email 要符合，不要用另外的邮箱。在地址栏，需要写你的邮寄地址，一般会使用学校地址。

- **Education Background（教育背景）**

这一块通常需要写你从本科开始的教育经历，包括毕业（在读）学校、学位、专业、成绩（GPA）、排名。这里的 GPA 建议大家转换为 4 分制，如果排名在前 10% 还可以写上排名。另外如果你有一些海外的交流经验和交换经验的话是可以写在这里的，会有一定的加分作用。

- **Research Interests/ Research Experiences（研究兴趣/研究经历）**

研究兴趣一般只针对于申请博士的学生，因为对硕士来说选择项目的时候并没有小方向的细分。不过需要注意的是，你的研究兴趣一定要和你的目标教授匹配。

然后是研究经历，就目前的申请趋势来看，对于非商科的硕博申请以及商科的博士申请，这一部分都是非常重要的。对于这一部分主要需要注意 bullets（项目符号）的使用，在这里指的是科研经历下逐条拆分的表达方式。在一篇好 CV 的研究经历/工作经历的描述中，你可以看到每一条 bullet 都能简短但是有效地描述信息，简洁明了地描述你都做了什么。你可以把整个经历拆分得非常细致，使得看 CV 的老师能了解你的整段经历。

CV 当中的 bullet 一般是用动词的过去式来开头，介绍你在这段经历中做了什么，用了什么方法，有什么目的，最后又获得了什么样的结果，或者是有什么样的想法。

另外有一点需要注意的是 CV 当中这样的 bullet 是不用加句号的，因为每个 bullet 并不是一个完整的句子，这也是很多中国学生会犯的错误。

● **Work / Intern Experiences（工作 / 实习经历）**

工作 / 实习经历对于商科硕士申请以及一些比较注重工作经历的项目（比如 MPA）是非常重要的。这一模块整体的写法类似研究经历，同样需要注意 bullet 的应用。

● **Selected Courses（课程）**

这部分主要针对转专业的学生，把上过的一些和目标专业相关的课程单独罗列出来，提高自己的匹配度。这里有两个原则需要遵循：首先你要放的课分数要比较高；其次是你选的这些课必须是和目标专业相关的专业课，最好还是专业高年级才会学习的专业课。

● **Skills（技能）**

这里主要需要注意两点，其一是你提到的 skills 也要和专业相关。其二是应该在描述技能时加上一个表现程度的词，例如对某个技能很精通，对某个技能只是了解等。

● **Extracurricular Activities（课外活动）**

对于课外活动来说，很多中国学生会很看重这一部分，写很多内容。但是事实上对于研究生的申请，这一部分并没有想象中的那么重要，通常是放一些可以体现领导力或者社会责任感的经历稍微表现一下就可以，并不是重点占用篇幅的部分。

● **Honors & Awards（荣誉 & 奖项）**

获奖经历的话，如果不是那种国家级 / 世界级的大奖或者和你的专业特别相关的奖项都可以不用放在 CV 里。因为这类不知名的奖项对于国外高校老师来说并没有说服力和可信度，因此对申请的影响非常小。

● **Publications（论文发表）**

论文是体现一个学生科研水平最有说服力的材料之一，对于申请理工科研究生，尤其是 Ph.D. 的同学来说，它会起到非常积极的作用。当然，对本科生而言，发论文还是比较困难的，因此学校也不会要求一定需要发表论文；但是对于硕士毕业的申请者来说，一般建议至少拥有一篇论文，以证明自己在硕士期间的科研工作。这个部分写 CV 时需要注意的是格式问题，大家可以参考文献的规范引用格式。

● **Teaching Experiences（教学经历）**

这个经历不是必需的，但是对于 Ph.D. 申请者来说是加分项。因为很多读 Ph.D. 的学生会需要当 TA 的，这方面的经历就能很好地证明学生当 TA 的潜质。

b 撰写 CV 的软件

国内大部分学生都会采用 Word 来写，但是在国外有一个很常用的文档编辑工具叫 LaTeX，很多人会选择用它来撰写 CV。因为这个软件的编写方式类似编程，所以文档格式会根据编写的代码自动调节，不容易出现格式上的错误，而且做出的 CV 会非常简洁，看起来比较专业，所以如果觉得自己学习能力还不错的同学可以去尝试学习一下，以后也有机会用到。

最后想要强调一下，虽然 CV 整体的结构、技巧、内容描述会有一些规律或者模板，但是因为每个人具体的经历不同，反映到 CV 上也是各有各的特点，所以大家没有必要强行套用网上的模板，或者说谁的申请结果好就一定模仿他/她的 CV 来写。更多的是要根据你的个人情况来调整你的 CV 的结构和内容。

原则是一定要把自己的亮点和潜力挖掘并展示出来，呈现在具体语言上，让对方一眼能看到你的亮点，来判断你是否是合格的申请者。

02 PS

Personal Statement（PS）就是我们常说的自我陈述，是申请者想要告诉招生官的自己的一些"故事"。和本科申请的时候相比，申请研究生院的时候，PS 要显得更学术一点。

总的来说，几乎所有的 PS 文章都会包含下面的三部分：
- 你的学术 / 工作经历是怎么样的？
- 你的学术专业兴趣或职业发展规划是什么？有什么样的梦想？
- 你为什么对本学校的这个专业感兴趣？

当然，在这三点中，你可以根据学校要求和个人条件，而对能够让你更加突出的项目有所侧重，但这三部分的基本结构最好不要变。在陈述过程中需要着重描述你做过哪些科研研究、发表了哪些论文、有什么实习经历以及上课学到的内容，写作时需要更加详细地阐述你如何做、怎么做、收获了哪些成果。

讲了 PS 里面会包含什么内容，下一步就是相关素材了。整理素材是申请人撰写 PS 流程最初的一环，通过对个人信息碎片的分类整理，为之后 PS 写成连贯的故事打下基础。建议你在整理素材阶段将所有重要的信息预先列出，放在手头用作备忘。可以用问问题的方式帮助自己搜集素材，问题包括但不限于：

- 你要申请的专业是什么，你为什么对这个专业感兴趣？
- 你是如何接触到这个领域，什么时候开始，为什么对这个领域感兴趣？

● 你学到了什么进一步增进了你的兴趣,让你有了自己适合对这个领域进行进一步研究的信念?
● 你有什么该专业领域的研究/工作经验?具体包括指导老师或负责人,项目类型,你在项目中负担的责任以及项目成果等关键信息。
● 你学过的哪些课程或项目激发了你申请该领域研究生学习的愿望?
● 你拥有什么样优秀的个人品质,能够提高你在该领域或专业的成功率(例如,诚信,同情心,持久性等等)?
● 你在获得学士学位后进行了哪些实习,工作,志愿服务等经历?
● 你的人生目标有哪些?

素材材料准备完整以后,就可以开始写 PS 的初稿了。你需要用一个合理的逻辑将上述素材全部串联起来。目前比较流行的 PS 结构为:

● 开篇开门见山地简要阐明申请目标专业和方向。
● 接着叙述自己为什么对这个专业情有独钟。
● 为了就读这个专业,你做了哪些学业、科研和实习经历等方面的准备工作。对于这一点,个人经历描述中客观的描述是一方面,但更重要的是要加入主观的个人理解以及对应的思想变化。这才是打动审稿人的关键所在。
● 你毕业之后的未来学术及职业规划。
● 为什么选择申请目标院系的这个专业。

通常来说,初稿中出现各种各样的瑕疵是很正常的,由于撰写人的阅读盲点,此时需要让他人(最好是在海外生活学习时间较长的学长或学姐)帮忙对你的初稿进行仔细审核,提出具体的修改意见。从内容和语言两方面经过你和修改人的多轮修改和反馈之后,一篇个人陈述才能最终成型。

另外在通用版本的基础上,一般最后都需要根据不同的申请项目修改末尾段的 "why this program" 这一部分,通常可以考虑从以下几点来描述:

- 目标项目的课程设置很适合我。
- 目标项目的就业服务很好。
- 目标院系某某教授的科研我很感兴趣。
- 目标院系的地理位置很好（结合职业发展或科研机会）。
- 目标院系的科研氛围很吸引我。

03 推荐信

推荐信，即 Reference Letter 或 Recommendation Letter。推荐信是从第三方的视角对申请者进行评价，所以"有分量的"推荐信会对申请起到非常重要的作用，甚至一封牛推可能直接让你拿到"梦校"的录取。因此，申请者们必须要重视推荐信的选取、写作和最后的提交过程。

根据推荐信的内容可以将推荐信分为课程推荐信、科研推荐信、实习推荐信三类。

不同的申请目标需要选择不同类型的推荐信，来体现不同的侧重点，一般学校要求提供三位推荐人：

- 申请硕士要体现自己的综合背景：比较好的搭配方法是一位课程老师，两位科研老师；如果你有实习，可以考虑用实习负责人的推荐信替换掉一篇科研推荐信。

如果是商科硕士的申请者，则可以考虑使用两篇实习推荐信而不使用科研推荐信。

- 而申请 Ph.D.，最好 3 封推荐信都是与科研相关，如果科研成果不够丰富，则可以有一篇与课程相关，但是也务必强调你的科研能力。

无论是申请 master 还是申请 Ph.D.，推荐人在信中展示出的对你的了解可以不仅仅局限在上课或是合作科研，也可以穿插平时表现，包括组织能力、个性特点等。

看了分类之后，我们说说如何选择推荐人吧。
根据推荐信的作用排序：业界大牛 > 与海外有合作关系的老师 > 通过暑期项目认识的海外老师 > 国内普通老师。

看了这个排序之后，你可能会觉得推荐人名气大职位高就一定好，但其实并非如此。比如，大家喜欢找自己所在院系的主任、院长来写，认为他们的名气大、职位高。但是，有以下几点你需要去考量：

- 行政职位高并不一定等于学术名望高，学术上的名望更重要。
- 这些推荐人并不一定对你很了解，他们写出来的推荐信内容可能不是很充实，其效果可能还不如找一个了解你的任课老师。
- 像职位较高如院长这样的推荐人，平时非常忙，不会固定时间去查看提交推荐信的邮件，所以很有可能会耽误时间，作为学生也不好去催促他们，最后非常尴尬。

所以如果一定要找这样的推荐人，最好留出足够的时间，而且最好多找一个推荐人，以备不时之需。

- 一般来说海外老师的推荐信（特别是暑期项目的老师）会相对更有用一些，因为同为海外教授，他们之间或多或少会有一些合作和联系，所以这样老师的推荐信的说服力会更大。

最后说说如何提交推荐信,提交推荐信并不仅仅是写好了让推荐人签个字再邮出去这么简单。目前的大多数美国研究生申请中,申请人需要将推荐人的邮箱填写在网申系统中,网申系统会通过电子邮件给推荐人发送推荐信提交链接,由推荐人通过点击到链接对应的网页来填写和上传推荐信。而且很多学校除了推荐信以外还会额外向推荐人问一些问题,比如要求推荐人对你的一些能力进行打分等等。

13 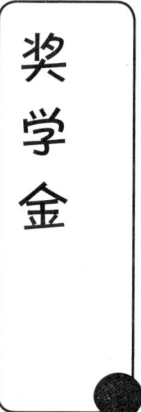奖学金

Pink Floyd sang, Money, it's a crime.

罢特，你们这个年纪的人都这么严肃么？

出国读书，除了心怀理想，还要手握钱帛。

部分品学兼优的学生可以获得学费、学杂费、医疗保险和生活费等方面的补助，好比斗地主摸到两个王带四个二。

免费上课

免费医疗

学费是海外求学费用的重头。通常一学期的均价是10000美元，如果免于此项，一学期就可以节省一万多美元的花费。

医疗保险每月的数额在50到300美元，如果学校补助医疗保险，学生不仅免于花费，还可以享受地球上比较先进的医疗系统。

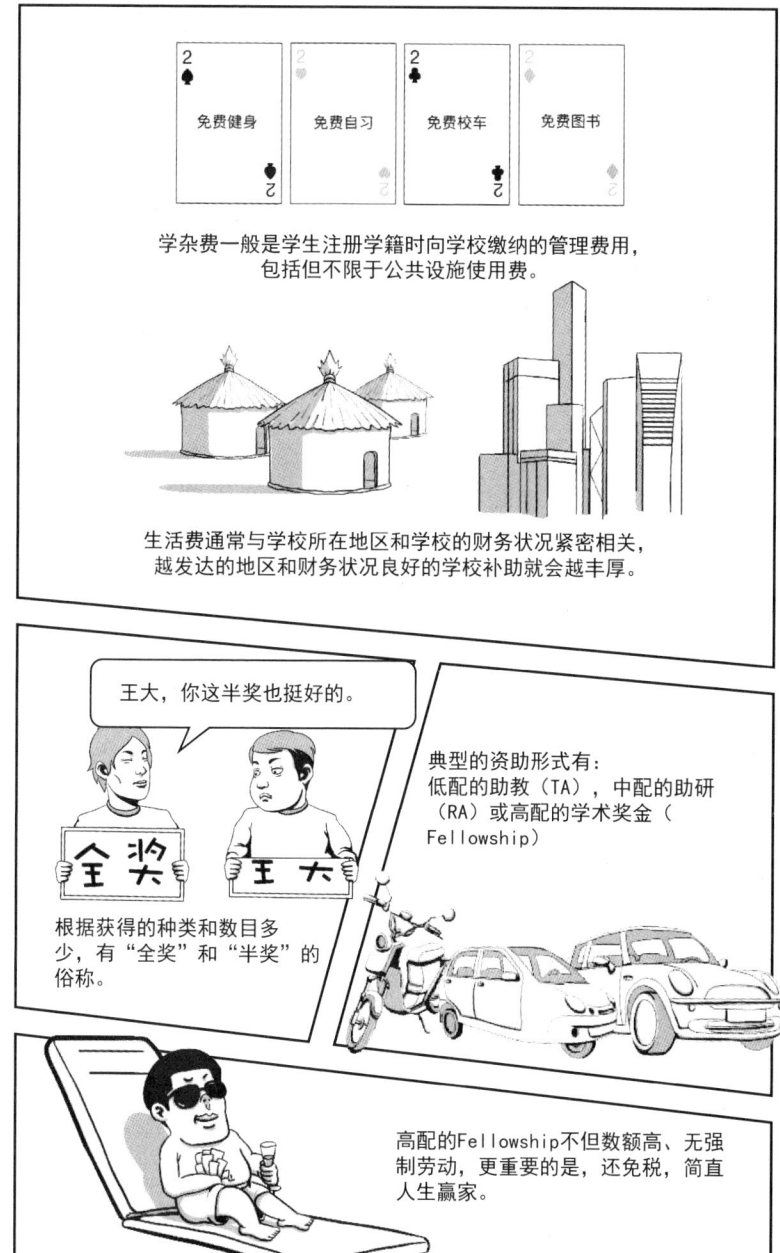

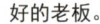

Teaching Assistantship（TA）需要获得者参与教学活动"领取薪水"，形式可以是教课、批作业、课后答疑等等。

教学活动的种类非常多样，比如在一些开设了中文课程的学校，TA获得者就可通过中文歌曲传播文化。

TA数额偏低，不能免税，一年若只出工9个月，剩余3个月还有可能没有收入。好在个人时间比较富裕，有志之士可以自谋财路。

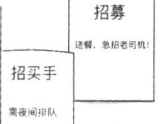

六七年书念下来，有的学生Fellowship，RA，TA的形式都拿了个遍，好歹撑下来了学业。确实有点"好运歹运总嘛爱照起来行"的意思。

祝各位财源滚滚！

奖学金

奖学金应该是很多同学都感兴趣的话题，因为不论是从学费还是生活费上来说，出国留学本身开销还是很大的，如果能获得奖学金的话将从很大程度上缓解大家的经济压力。

就目前美国的申请情况来说，申请硕士学位时，只有极少数学校设立的研究型硕士会发放大额奖学金。其他大多数项目即使发放奖学金一般也只是几千美元的小奖，用来鼓励一些优秀的学生选择自己的项目。

所以这里我们主要说下博士申请。由于每年美国博士招生数量极其有限，任何专业的博士申请竞争都是非常激烈的，要求申请者有非常强的科研经历和学术背景。一般来说博士录取都会有奖学金加上学费减免，但是由于科研经费（funding）的限制，近年来也没办法保证所有录取者拿到全奖，已经有越来越多的学校会给学生发放无奖录取了。

对于奖学金而言，分成下面几类：

● 助学金 (Fellowship)：金额高，学校不仅免除一切费用，学生还可以部分结余作为平时生活费用，但申请难度最大，竞争最为激烈。

● 奖学金 (Scholarship)：一种荣誉的奖励，颁发对象为成绩优异的学生。同助学金 (Fellowship) 相比，该奖学金种类较多，申请较易，竞争相对没有那么激烈。

● 学费减免 (Tuition-waiver)：通常被称为半奖，即不需要支付学费，只需支付生活费用。

● 研究助理 (Research Assistantship)：该奖学金评定标准是学生的成绩和研究能力。获此奖学生可以免交学费，但需要在校内工作，主要工作内容是协助教授从事研究。奖学金由教授的科研经费支付，学校根据学生的工作时间给予一定报酬，通常一周不超过 20 小时。

● 教学助理 (Teaching Assistantship)：该奖学金颁发标准是学生的学习成绩和英语水平。其待遇和研究助理相仿，但主要工作是协助教授对大学本科生进行教学工作。教学助理的奖学金是由系里发放的，每周的工作时间视具体情况而定，一般为每周 10 到 20 小时不等。

除了以上常规的奖学金类型，学校还会提供一些 Merit-Based scholarship（基于学术背景而发放的奖学金）。所以，在录取前后，大家也应当主动了解目标大学、目标项目对国际学生开放申请的补贴（financial aids），积极争取这些机会。虽然这些奖学金和补贴可能只是几千美金的安慰小奖，但也聊胜于无。

14 美国签证

与留学生最相关的是非移民签证中的学生签证（F-1、F-2）与访问学者签证（J-1、J-2）。

如果你收到的是美国学校或机构提供的I20文件，请依此申请F-1签证；

I20

优惠大酬宾
F签证 买一送一
J签证

F-1签证提供给将进入合法学校开始全日制学习的学生。而J-1签证提供给将参与被核准项目的交流访问学者。F-2和J-2分别为F-1和J-1的配偶和未成年子女。

DS-2019

如果你收到的是美国或机构提供的DS-2019文件，请依此申请J-1签证；

How are you?

你好，你的材料给我看一下。

☑ 完成学业后半年还不会过期的护照
☑ $200 SEVIS I-901
☑ ¥160 签证申请费
☑ 在线完成DS-160表格
☑ 未经PS的签证照

现在，你可以去预约签证面试，并且勇敢地直面面试官了。

要获得F-1或J-1签证，你还需要准备一些材料。

● 153

特别需要注意的是,因为F-1和J-1均为非移民签证,请一定带上所有能表现你热爱祖国的文件。

然后,以赤子之心证明糖衣炮弹根本不成诱惑。

有时候,签证官简单浏览基本材料,再轻松地聊几句家常,当场就可以给予通过的答复。这种情况,俗称"水过"。

对于某些敏感专业,签证过程就不那么轻松了,经常会遇到"Check"的情况。Check意味着签证官不能当时给你答复,而需要对你进行更深入地背景调查。

有时候,签证官会核实一下面签者是否真的有意求学,比如让有意深造舞蹈的学生展示一下基本功。若是签证官信服,当场也是可以获得通过的。

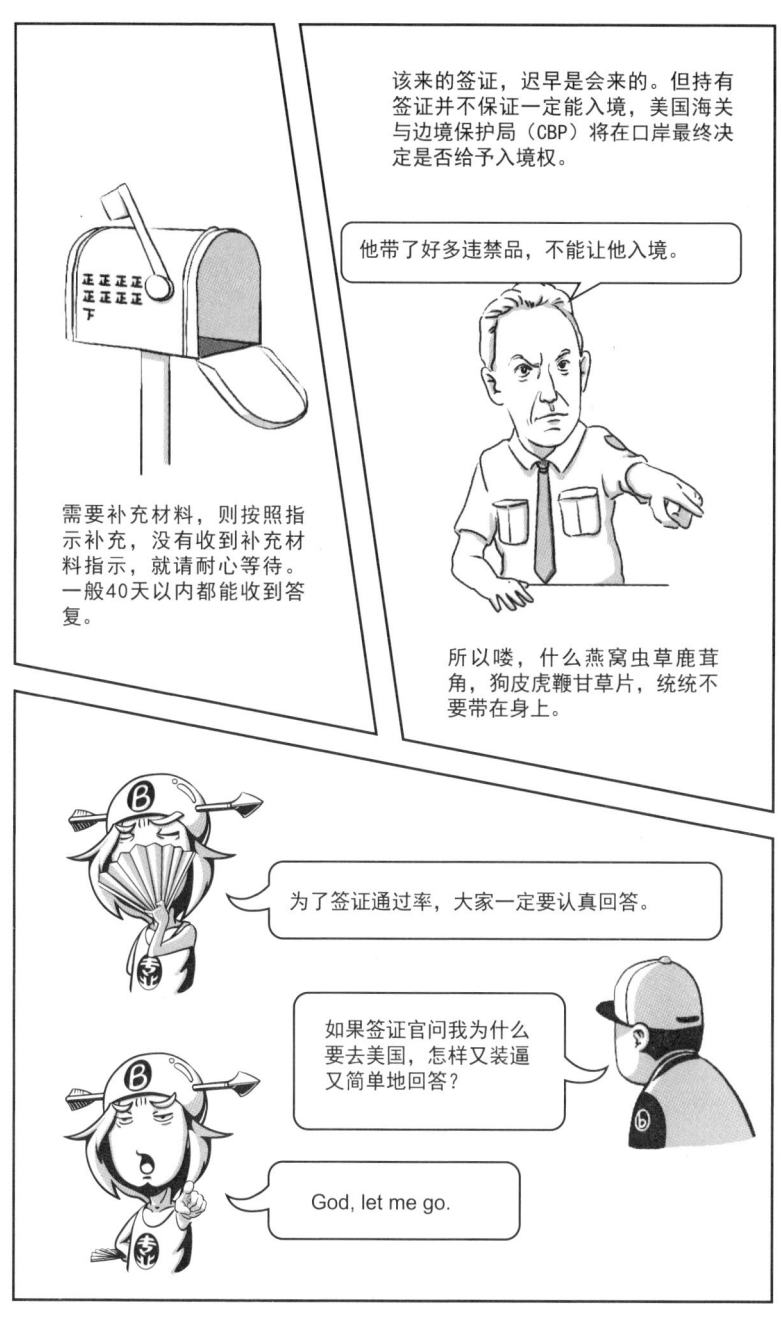

美国签证

按照美国移民法,美国签证分为18类,48种,类别以英文字母排序,从A到R;种则在类字母下以数字排序,为A-1,A-2等。美国签证的18类分别为:

A类——外交人员
B类——短期访客
C类——过境人员
D类——机组人员
E类——特别投资商
F类——学生
G类——国际组织人员
H类——特别技能人员
I类——记者
J类——访问学者
K类——美籍人员的配偶和子女
L类——跨国公司人员
M类——特种技能学生及家属
N类——北大西洋组织成员国代表及家属,以及特殊移民人员的家属

O 类——杰出人员及助手
P 类——国际知名人士及家属
Q 类——文化交流项目人员
R 类——宗教界人士

本章我们主要介绍下几种常见的与留学生相关的签证类型：B 类、F 类、J 类和 H-1B 签证。

01 B 类——短期访客

B-1. 短期商务访问
B-2. 短期旅游

我们在这里主要介绍下 B-2 签证，因为参加暑期会议，参观学校（Campus Visit），或者是之后父母去美国探亲，都是申请 B-2 签证。

签证必要材料（使馆明确要求的 B 签证材料）
- DS160 表格确认页。
- 有效护照（有效期需超出在美预期停留期至少六个月）。
- 一张在最近六个月内拍摄的 2 英寸 x2 英寸（5.1 厘米 x5.1 厘米）照片。
- 面签预约确认函。
- 签证费收据原件（柜台和 ATM 机有原件；网银交费，需打印有收据号的确认邮件代替）。

如果是赴美探亲，则需要准备以下补充材料（为了证明没有移民倾向的支持性材料）：
- 子女的邀请信（给父母的中文，给签证官的英文）。
- 子女在美国的合法身份证明（如果子女是学生，可以带子女的护照、签证、I20、RA／TA 合同、成绩单、SSN、保险卡、银行账单、税表、驾照等的复印件；如果已工作，可以带护照、签证、工作证明、工卡、银行存款、税表、名片、驾照等的复印件；如果是绿卡或公民，也需要提供相应的身份证明）。

● 行程表或其他有关旅行计划的说明，往返机票订票单等（用以证明赴美目的是短期访问）。

● 如果美签申请者还在职，可以携带所在单位的就职证明（详细说明签证申请者的职位、工资、入职时间、是否获准休假等）、工资单、纳税单、医保卡等。

● 房产证、企业产权证、银行开具的资产证明等。

● 身份证明文件（身份证）。

● 与子女亲属关系的证明文件（如户口本、合影等）。

● 其他材料（子女／自己的简历等）。

02 F 类——学生

F-1. 进入合法学校全日制学习的学生
F-2. 学生的配偶和未成年子女

F-1 是最常见的学生签证类型。如果你希望在获得美国政府承认的学校（包括获得认证的美国大学或学院、私立中学或获得批准的英语学习项目等等）就读，应申请 F-1 签证。此外，如果每周学习课程超过 18 小时，也应申请 F-1 签证。

如需申请 F 类类签证，应缴纳 160 美元申请费并提交下列材料：

● 非移民签证电子申请表 (DS-160)。

● 前往美国旅行的有效护照，有效期需超出在美预定停留期至少六个月（享受豁免的特殊协议国除外）。如果护照中包含的人数多于一人，则每个签证申请人都需要提交单独的申请。

● 一张在最近六个月内拍摄的 2 英寸 x2 英寸 (5.1 厘米 x5.1 厘米) 照片。

- 如果签证获发，可能还需缴纳一笔签证互惠费，具体情况视申请人的国籍而定。如需了解签证互惠费的应用范围及其金额，请访问美国国务院网站。
- 美国学校或项目提供的 I-20 表。
- 除上述材料以外，申请人还应出示面谈预约单，证明申请人已从这一服务渠道预约面谈。申请人还可以向签证官提供其他支持性文件。

03 J 类——访问学者

J-1. 交换访问学者
J-2. J1 签证持有人的配偶和 21 岁以下未婚子女

J-1 签证的申请人必须首先被美国的正规项目主办方录取，然后才能申请交流访问学者签证。一旦录取，美国教育机构或项目主办方就会为申请人提供申请签证所需的批准文件。

交流访问学者项目所对应的 J 类签证旨在促进教育、艺术、科学领域人员知识和技能的交流。参加者包括大、中、小学的在校学生；参加公司、机构和办事处在职培训的人员；小学、中学和专业技术学校的教师；赴高等教育机构任教或从事研究工作的教授；专门从事研究工作的学者；赴医疗或相关机构进行专业培训的人员；以及赴美进行下列活动的国际访问学者：旅行、观测、咨询、研究、培训、分享或示范专业知识 / 技能、参加有组织的民间交流项目。

要申请 J 类签证，应提交下列材料：
- 非移民签证电子申请表 (DS-160)。
- 前往美国旅行的有效护照，有效期需超出在美预定停留期至少六个月（享受豁免的特殊协议国除外）。如果护照中包含的人数多于一人，则每个签证申请人都需要提交单独的申请。

- 一张在最近六个月内拍摄的 2 英寸 x2 英寸 (5.1 厘米 x5.1 厘米) 照片。
- 除非申请人参加的 J 类签证项目是由美国政府资助（项目代码以 "G" 开头），否则必须缴纳 160 美元的非移民签证申请费（可使用本地货币支付，费用一旦支付不予退款）。如果签证获发，可能还需缴纳一笔签证互惠费，具体情况视申请人的国籍而定。如需了解签证互惠费的应用范围及其金额，请访问美国国务院网站。
- 美国项目主办方提供的 DS-2019 表。
- 除非申请人参加的 J 类签证项目是由美国政府资助（项目代码以 "G" 开头），申请人必须支付 Form I-901 SEVIS 费用。

除上述材料以外，申请人还应出示面谈预约单，证明已从这一服务渠道预约面谈。申请人还可以向签证官提供其他支持性文件。

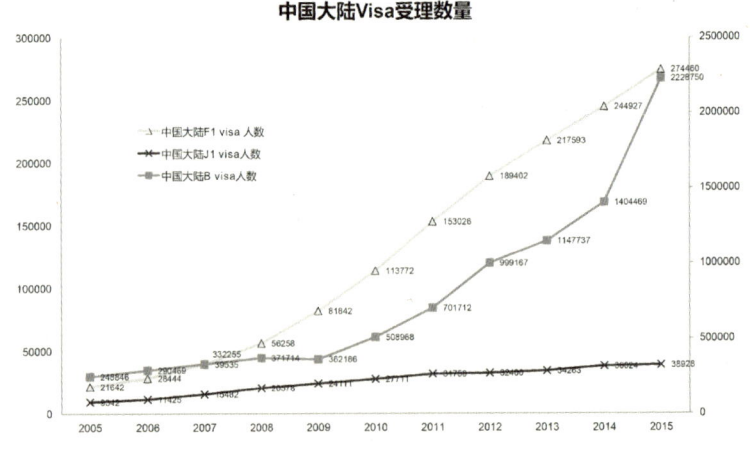

如图，展示了最近几年 B、F1 和 J1 类签证受理情况：整体呈大幅度增长趋势，这也印证了我们的开篇提到的赴美留学的人数在大幅度增长。

上面分别提到了几种签证类型对应的群体和需要准备的材料，接下来给大家看下预约签证的流程图吧，不论你是申请哪一种签证，流程上都是一样的。

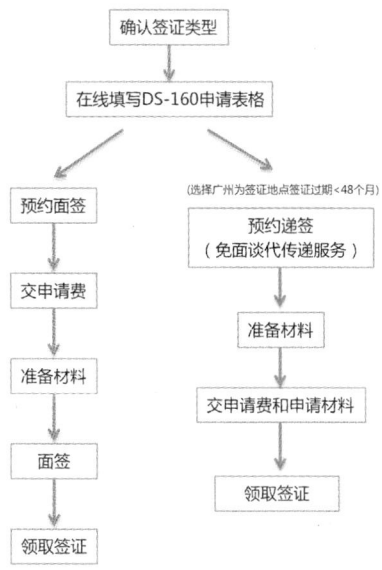

签证流程图

04 H-1B 签证

前面三种签证多为大家进入美国时需要办理的签证，而对于那些想在美帝多呆几年，混迹国外职场的同学而言，就不得不关注一下自己的合法居留（签证）问题，特别是有关 H-1B 这一签证类型。

如果申请人希望去美国从事预先安排的专业技术工作，就需要申请 H-1B 签证（Specialty Occupations/ Temporary Worker Visas，简称：H-1B）。此类签证要求申请人在准备就职的专业领域拥有学士以上学位（或同等学历）。USCIS 将审查申请人的就职背景和个人条件，以确定是否符合专业技能要求。申请人的雇主应向美国劳工部提交劳工情况申请表，包括雇佣双方之间签订的合同条款。

a H-1B 签证配额管理

H-1B 的法定名额为每年六万五千名，但根据法律规定在若干情况下提出的 H-1B 申请不占用这 65000 的法定名额，尤其是高等教育机构或非营利研究机构提出的 H-1B 申请不计入限额。另外，若 H-1B 受益人为在美国高校获得硕士及以上学位的外国人，将有另外两万配额。一旦该类受益人达到规定的两万，就以抽签决定，未抽中者可再与普通类别 H-1B 申请人一起抽签，竞争剩余的名额。

H-1B 签证配额公布和可开始申请日期是每年的 4 月 1 日，移民局按收到的 H-1B 签证申请时间顺序分派配额。如果截止到 4 月 5 日，申请的职位数没有超过这个上限，美国公民及移民服务局（USCIS）会继续接收新的 H-1B Cap 申请，直到名额用满的那一天为止。当申请数量超过法定配额时，移民局会采取随机抽签的方式抽取相应数额的 H-1B 申请人。如果需要抽签的话，抽签会在名额用满当天的所有申请中进行。为了确保获得抽签机会，雇主应在移民局开放接收申请之前将所有申请材料准备好。

第一轮抽签会在 Advanced Degree Cap（只限于美国毕业的硕士和博士）中进行，这一轮抽签中没被抽到的申请会和 Regular Cap（常规名额）一起进入第二轮抽签。也就是说 Advanced Degree Cap 会有两次抽签机会。整个抽签过程都是计算机随机选择的。

每年的 H-1B 签证申请配额都非常紧张，过去三年中，由于外籍工人数量远超配额，H-1B 名额常常在移民局开始接受申请一周内即满额。而且印度人因语言和技术优势，占据了大部分名额。

b H-1B 签证的有效时间

H-1B 要解决的是美国公司急需用人，但在国内又招不到合适人才的情况。因此，它对申请人的学历有一定要求，必须具备学士或以上学位。H-1B 签证以三年为一期，期满可以再延长三年。

通常来说，H-1B签证持有人可以在美国停留六年。六年时间正常情况下足够H-1B签证持有人申请美国绿卡。受益人可一边工作一边申请美国绿卡，绿卡持有人在美国居住达一定时间后便可申请加入美国国籍。如果在此身份到期前365天没有办理绿卡申请，则此签证申请人必须离开美国本土至少365天，然后才可以再次申请H-1B签证。

新的移民法规规定，具有H-1B身份的外国劳工，可以在H-1B签证到期前更换雇主。新的雇主可以将你已持有的H-1B签证身份从原雇主处直接转出来。因此，这有利于H-1B签证持有人寻找更好的机会。

但是，H-1B签证身份持有人可以呆在美国的唯一原因是其工作身份。一旦H-1B签证身份持有人失去工作，按规定，其必须在第二天离开美国。不过美国移民法也给出了180天的灰色期，即任何持签证合法进入美国的外国人，其签证或身份实效后，如果其在失效后180天内自动离境，则移民局一般不予追究其非法滞留。

c H-1B申请的基本条件以及申请材料

申请H1B需具备的基本条件：
√ 必须具有合法身份（比如F-1/OPT）
√ 具有大学学士或以上的学位，或在本领域中具备足够年限的工作经验
√ 被申请人必须要受雇于和其学位密切相关的专门行业
√ H-1B签证申请人的工资一般要求不低于相同行业在该地区的普遍工资

美国雇主需准备的材料：
√ 非移民雇员申请表I-129/I-129W
√ H类补充表格
√ 劳动合同

√ 公司简介（规模、业务、财务状况和员工人数等），最新的报税表，被申请职位的详细描述，有公司抬头的空白抬头纸等。
√ 申请费用、政府费用和反欺诈费用。

申请人需准备的材料：
√ 护照（包括进入美国的签证）
√ 执照
√ 学位证明
√ 毕业证明
√ 在校期间的成绩单
√ 简历
√ 照片
√ 以前雇主的推荐信
√ 有关获奖的证明和荣誉证书等

d H-1B 签证的好处有哪些

首先，受益人可以一边工作一边申请，因此申请和工作可以同时进行，各不耽误。受益人在找到工作后，即可请雇主协助申请 H-1B 签证。

其次，获得签证比较容易。美国移民法和移民局规定允许 H-1B 持有人对于移民美国的愿望可以有"双重意图"。虽然在申请 H-1B 签证时，申请人必须只是打算在美国短期工作。但在他们取得及使用 H-1B 身份时，则被许可拥有"双重意图"并在将来申请永久居留。因此，签证官对 H-1B 签证态度比较宽松。

最后，H-1B 签证持有人的配偶和 21 岁以下的子女可用 H-4 身份进入美国，并在 H-1B 有效期内停留美国。持有 H-1B 及 H-4 签证的人士可在签证有效期内申请入学而不需转换为 F-1 学生签证。

15 买车

首先呢，要搞明白自己想在买车这件事儿上花多少钱，也就是预算是多少。

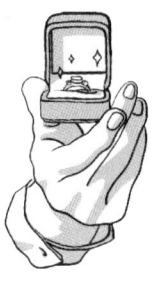

"订婚戒指花多少钱才能证明我的爱？"

如果只是想要一辆可靠的代步工具，那么3个月的收入是购买一辆二手裸车比较合理的数字。

罢特你不是说美国各地的经济水平不一样么？

对呀。

那在低收入地区飞车不是很吃亏？

二手车的车价其实是与当地消费水平相匹配的，同一辆二手车在低收入地区也比高收入地区低。

日本车

美国车

豪华车

有了这4000-7000美金，可以选择经济的日本车、舒适的美国车、或者有些年头的各国豪华车。

● 167

日本家用车的特点是省油、维修方便且便宜、保值，但内部空间有限。

省油　★★★★★
维修　★★★★★
保值　★★★★★
空间　★★

Toyota（丰田）和Honda（本田）的几款车型将这几点发挥得淋漓尽致，因而在北美华人圈被誉为"四大神车"，它们分别是：Accord（雅阁）、Civic（思域）、Camry（凯美瑞/佳美）、Corolla（卡罗拉/花冠）

如果价格合理，车况OK，那么这几款车型大概率可以作为可靠的代步工具。

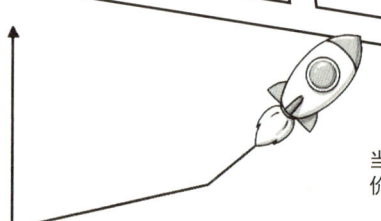

当然，这种美名有时候会被拿来炒作，价格虚高的时候不一定是好的选择。

美国车厂倒不是造不出经济耐用的车，比如GM（美国通用）为抗衡日本中小型轿车对本土市场的冲击，推出过Saturn（土星）品牌。

省油　★★
维修　★★★★
保值　★★
空间　★★★★★

美国车的特点是马力强、空间大、维修便宜、结实，但油耗高、内饰比较简陋、不保值。

部分Saturn（土星）车型的寿命可以超出同档日系车两倍，可惜，由于通用自己的运营问题和次贷危机的冲击，Saturn（土星）所有业务于2010年10月全部关闭。

一方水土孕育一方文化，低廉的油价、开阔的道路、畅通的公路网、甚至普遍大只的体型，都主导了美国车的特点。

这也是为什么排量5L以上的皮卡是美国销量榜的鳌头，还占总销售量的20%。

以德系为主导的欧洲车的特点是用料足，内饰精致，操控性好，安全性高，但在美国的保养和维修实在是成本高昂。

省油 ☆☆☆
维修 ☆
保值 ☆☆
空间 ☆☆☆☆

在美国人自己选出的二手车榜单中，北美三大品牌的车型都近乎绝迹了，不过，个人要是有很强的美国情结，福特的Tarurs和Focus，通用的雪佛兰IMPALA都还是可以入手的。

但美国国情真的和国内不一样，很难在公路旁看到"快修捷达，风炮补胎"的招牌。

由于德系在国内的突出影响力，有些中国留学生在买车的第一反应是找辆大众。

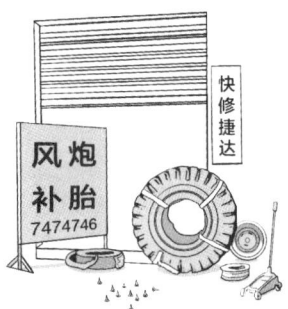

这种维修的不便让德系为主的车型在美国市场竞争乏力。

● 169

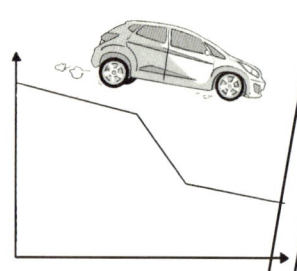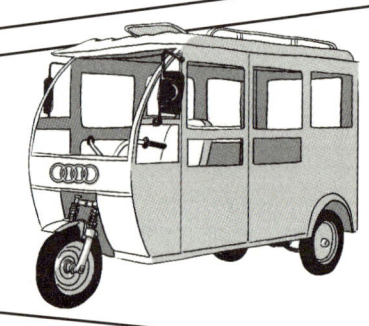

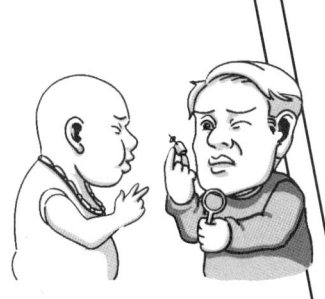

Dealer的生意模式是"买入旧车—检测并修理—卖出",口碑好的店铺会提供不错的保修服务。这种方式适合新手或嫌麻烦的朋友。

Owner卖车的主要优势是价格比中间商便宜10%-20%,但在挑选阶段需要和每个车主单独交流并甄别每辆车的状况,比较费心费力。这种方式适合对车辆有一定认识的朋友。

看到满意的广告,可以先通过kbb.com查验车辆的估值是不是靠谱;

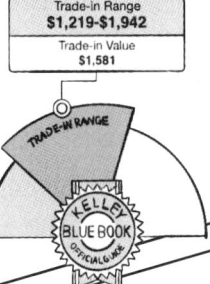

如果价格合适,可以找Owner或Dealer要该车辆的VIN,在carfax.com或者autocheck.com看这个车是不是Clean title。

查出的结果还有可能是Salvage title(报废),这就属于保险公司认定遭遇过重大事故、洪水导致或偷窃的车辆;而Rebuilt字样则代表引擎存大翻修记录。这几种标记对于新人是要着力避免的。

前两项都没有问题了。约时间现场验车。什么轮胎头灯变速箱，避震气囊和引擎，是不是感觉无所适从？

这么深的水，还是找个行家一起陪你看一下比较好，毕竟你自己能做的前面都说明白了。

撞了我的车，你说怎么办吧？

你的没事，我买的"半保"。

除了"半保"比"全保"便宜，还有一些因素会影响保险价格：

保险价格对照表	
2门车	> 4门车
治安差社区	> 治安好社区
欧洲车	> 日系车
年轻驾驶员	> 老司机
GPA低的司机	> GPA高的司机

敲定一辆车，付款，换Title，下一步就是一个新课题了，叫做保险。合法开车必须有保险，二手车一般入"半保"，即保对方不保自己的车；"全保"则是保自己又保对方。

德国车看动力
英国车看奢华
瑞典车看安全
美国车看空间
法国车看外观
意大利车看速度
日本车看油耗
韩国车看价格

四大神车看起来还真是不错哦。

在某些10月下雪，4月停雪的大北方，四大神车很可能不好使，还是弄辆SUV实用。

买车

当你一切顺利，落地美国，开始你的留学生涯后，就需要开始考虑后续的一系列问题，那么摆在面前的第一个问题就是——买车。

不同于中国，美国整体的地理特点是地广人稀，因此除了几个知名的大都市例如纽约、波士顿等，大多数地方的公共交通都无法满足日常生活的基本需求，更别提方便快捷了。所以大多数在美国留学读研究生，尤其是时间较长的博士生们都会选择在当地买车，来解决日常出行的问题。

01 驾照

说到买车，你首先需要考取美国的驾照：

如果你本身在中国已经拥有驾照，那么你可以提供中国的驾照，并参加一个简单的考试来换取美国驾照。

如果你本身在国内没有驾照，则需要重新考取驾照。美国的驾照考试并不像中国一样，需要先参加驾校进行学习再通过驾校进行报名考试。你可以在自行学习后直接报名参加考试，且路考部分可以用你自己携带的车辆进行，所以整体难度较国内来说低了不少。且当你回国时，可以在国内所在地市的车管所用美国驾照换取国内驾照，无需重复学习。

02 选车

当你换取或者考取美国驾照后，你需要进行的下一步就是选车。在美国，无论是本地人还是留学生，多数人的第一辆车都不是新车。这是因为美国的二手车交易非常普遍，且价格非常低，因此大多数人都会选择购买二手车进行使用，并在使用完成后继续以二手车进行出售，从而降低成本。

而即使抛开新车与二手车的选择不谈，日系、美系还是欧系的选择也是一个复杂的问题。由于整体来说，欧系车在美国的维修成本过高，所以大家的主流选择还是集中在日本车和美国车，两者各有其过人之处。

a. 安全性方面，普遍认为美国车好一些。从设计思路上来看，美国车宁可车笨重点、费点油，也要扛撞，因而美国车的钢板设计得较厚，车架也很大。求安全，绝对是买大车，毕竟体积和质量在碰撞中起到的作用远大于安全设计。而日本车更注重经济性能，而车重和体积都被严格地控制了，那么安全性能会相对差一些。

b. 油耗方面，美国使用 MPG（Miles per Gallon）来进行评价，即一加仑油跑多少英里，数字越大越经济。日本车在这方面无可争议地领先，多数可以跑到 25-30 MPG，而美国车大多在 18-22 MPG。

c. **耐用性方面**，日本车占优。同年代的车，日本车普遍可以跑到 15 万英里（约二十多万公里），部分里程数在 20 万英里以上的日本车还继续在市场上流通，而很少有超过 10 万英里的美国车继续交易。究其原因还是日本车在设计思路上更注重耐用性。

d. **维修的难易度方面**，美国车单次维修相对便宜，但维修总次数多于日本车。在总维修费用上，美国车和日本车在美国本土的区别倒不是很大。

e. **除此之外**，还有其他一些细节，比如在经常下雪的地区，买四驱的车型是值得考虑的；而如果你喜欢户外活动，或者居住在大农村，一辆皮卡便是不错的选择。

03 查车

美国对于车辆的记录是比较详尽的，可以通过 Carfax 网站查询 VIN（车辆识别码）得知具体某辆车的历史记录。有几个关键术语：

● Clean title 标识此车之前没有遭遇过重大问题，如果有，会被标记成 Flood（经历过洪水），Fire（经历过火灾），Theft（失窃车辆）Salvage（报废过）等 title；

● Full ownership 表明车主对该车具有完全占有权，而不是正在贷款买车，否则购买之后还涉及贷款问题，比较麻烦；

● First owner，标识该车只有一任车主，这是非常好的一件事，毕竟多数人买新车后都会爱车如命，相比之下如果已经卖过很多次了，就不那么爱惜了；

● 里程数，一般认为每年跑 12,000 英里是比较理想的数字，如果有几年超过了 20,000 英里，是很糟糕的事情，可能是被租车公司租走或者是天天跑高速，都很伤车的。所以计算一下平均每年的行驶里程是很重要的。

04 购车

主要有两种选择,一是二手车经销商,俗称 Dealer;二是从私人手里买,俗称 Owner。Dealer 的成交价一般比 Owner 贵 20% 左右,多出来的部分相当于服务费,可以代办后续所有手续,风险相对小一些。

从 Dealer 购车简单粗暴,找几家 Dealers,看看都有什么车,根据自己情况交钱开走,几周后收到正式牌照,事情就了结了。需要注意的是,去 Dealer 买车之前,一定要对目标车型心思坚定,千万别被销售人员主导,没有想买的车型坚决不接受推荐车型。因为对于不熟悉的车,很容易被乱开价,而冲动后掏了钱,后悔是大概率事件。

而如果从 Owner 买车,那套路就比较深了,如果不是深谙此道不建议轻易尝试。二手车的信息,全美有那么几个著名的网站,以 Craigslist (http://www.craigslist.org/) 为首。进入网站选择自己的地区,选 "cars and trucks",浏览一下标记为 Owner 的条目就可以选择了。建议先观望至少一个月,摸摸行情再决定购买,以便当合适的车出现时可以当机立断。因为在这个公开的市场里,一辆又便宜又好的车的有效时间都不会超过一天,前一晚看到,第二天就已经卖出了的情况经常发生。如果一辆车很不错,一定要不惜一切代价地赶过去试车抓紧买,否则肯定被别人捷足先登。

在付款方面,不建议大家使用现金,主要是因为安全性较差,一旦出现问题很难追回,容易车财两空。相对的,使用支票,尤其是银行开出的定额支票会好很多。

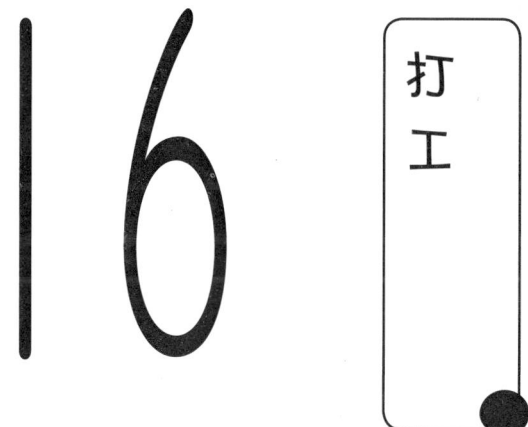

16 打工

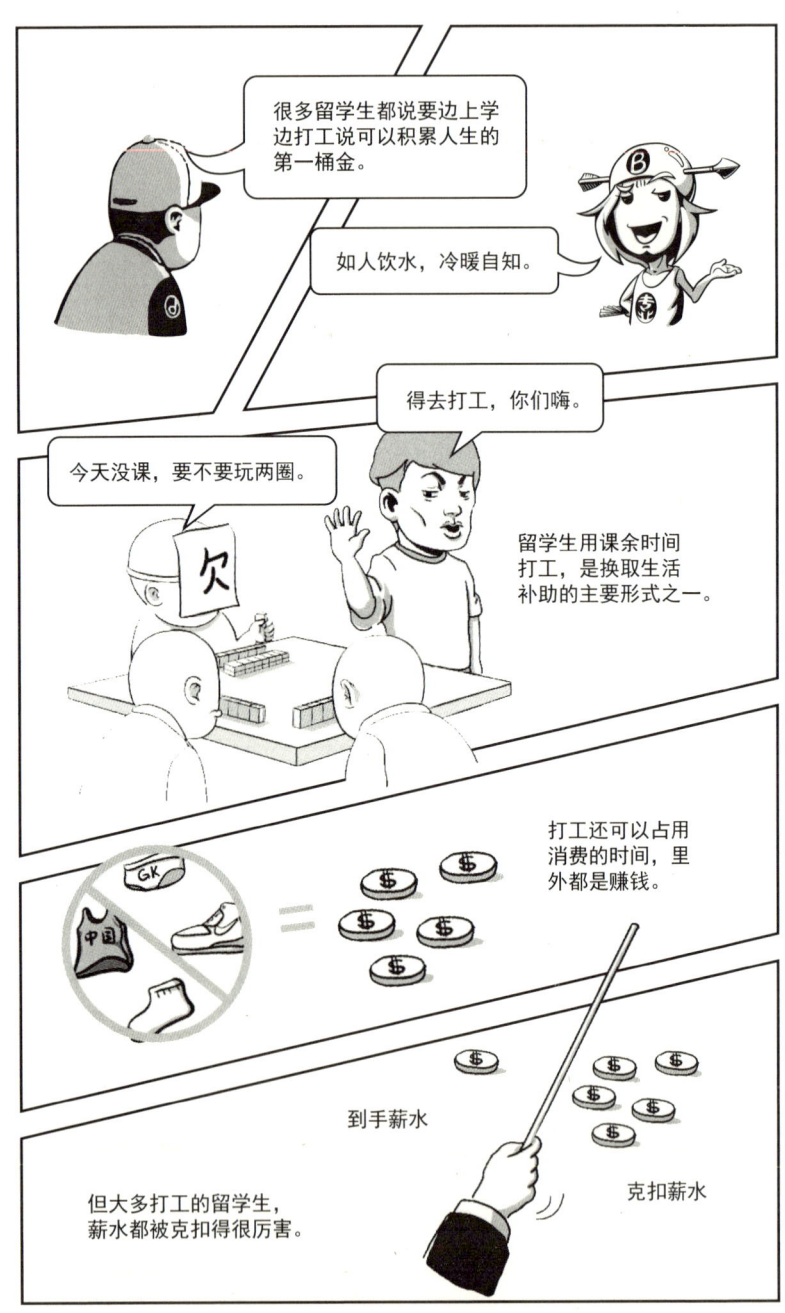

打 工

除了买车之外，另一个留学生非常关心的问题就是打工了。在美国，大多数学生在 18 岁之后都会在课余时间勤工俭学，也算是一种良好的社会氛围。不过自己挣钱的愿望虽然是好的，行动之前一定要清楚相关的政策和规定。美国政府针对留学生就业就有严格的条件限制。

首先，持 F1 签证的留学生，是没有合法身份在校外打工的。

在申请学校或者是申请签证的时候，学校和大使馆都会要求学生提供资产证明，证实你是有经济实力在美国完成学业的，所以在 F1 阶段是不允许学生在校外工作的，除非有以下几种情况出现：

● 家庭发生突然变故，而且学生必须至少已在美留学一年。

- 学生本国货币突然急速贬值
- 在校期间学费生活费急速上涨
- 在非学生过错的情况下,突然失去经济资助
- 意外巨额医疗支出

如果你发现身边也有同学在校学习期间在外工作,但是又不符合以上要求的话,就是传统意义上说的"打黑工"了,是不受法律保护的。也就是说如果遇到经济纠纷,或者工作中遇到意外,都是有理说不清的,且没有医疗保障。而如果被举报的话,更有可能被遣送回国。所以这里奉劝大家最好不要打黑工,免得出现意外而得不偿失。

虽然在校外工作是禁止的,但是可以在校内工作。按照规定,F1学生正常上课阶段校内工作时间每周不允许超过20小时,假期每周不允许超过40小时。其实这是比较合理的时间安排,因为对于学生来说,保证成绩优秀还是最重要的。所以打工最好是在自己精力有富余的情况下再做合理规划,不然影响了学业就不好了。

校内的工作选择不算少,最值得推荐的是助研助教类的,因为不仅对学业有帮助,薪资也会相对高一些。其他的还有在学校自营商店或书店做做收银,餐厅摆摆菜和餐具,在国际学生办公室打打杂接接电话等等。大多情况下,在每个学期开学前几天就会有职位招聘信息陆陆续续广告出来,对于一些热门岗位是需要学生在上一个期末就提交申请的,更热门的岗位就需要提早一个学期预定。一般情况,之前在该部门工作过的学生比其他学生有优势,有SSN (SOCIAL SECURITY NUMBER,社会安全号)的学生又比没有的学生有优势。

除了打工,再说下实习吧。实习分为两种,一种是在校期间的带薪实习CPT,另一种是毕业后的实习OPT阶段。这两种实习是一定要专业对口才会被认可,而且都要提前申请。

- **CPT（Curricular Practical Training）**

CPT 是学生在校期间可申请的一种带薪实习，也就是说你找到的职位一定要带薪的。另一点需要满足的是学生已在项目里就读至少 9 个月，也就可以理解为就读一年之后才可以申请。所以有部分研究生项目本身是一年制的就不允许学生申请 CPT，除非该项目本身就要求学生参加实习，而此实习一般都是可以转化为相应的学分。CPT 可以是 part-time（兼职），也可以是 full-time（全职）的。但是如果全职 CPT 超过 1 年，那么学生毕业后将无法继续申请 OPT。

- **OPT（Optional Practical Training）**

OPT 是学生从 F1 身份到 H-1B 身份过渡的一个合法工作期间，为期 12 个月，需要学生在毕业前 2 个月左右向本校国际学生办公室申请。

如果学生本科、研究生阶段均在美国就读，那么每个学位阶段结束后均可申请为期 12 个月的 OPT。在 OPT 阶段，学生按照规定必须在 EAD Card（Employment Authorization Document Card，工作许可证）起效的 90 天内找到工作，并且向学校提供公司发的录取信以及自己最新地址，以便更新状态。当然如果没有找到有薪酬的工作，也必须出具 volunteer（志愿工作）或者 unpaid internship（无薪实习）的一个证明，证实一周至少有 20 小时的有效工作时间。

另外，针对 STEM 专业（science, technology, engineering, mathematics program）是可以申请额外延长 OPT 24 个月的。所以对于这些专业的学生以后在美国就业还是较有优势的，起码参与 H-1B 抽签的机会会相对多一些。虽然不同学位阶段都可以申请 OPT，但是 OPT 延长只允许一次。

结束语

留学申请是一件乍一看很简单，却越做越复杂的事情。尤其对于广大"新手"来说，看似清晰的申请流程，在实际操作的时候就会遇到各种各样的问题。为了能按时顺利完成申请，比较好的方法就是提早规划，早作打算，切不要抱着"申请就是最后那几个月的事情"的心态一拖再拖，最后只会给自己带来许多麻烦。

受限于篇幅和形式，由罢特哥为大家带来的这一系列关于留学申请的讲解，终究也只能起到一个引大家入门的作用。希望同学们能从这里清楚地明白，留学之路究竟是什么样的，该如何开始，又该走向哪个方向。而具体到其中每一步操作的细节和完善，还需要大家在实际申请的过程中进一步学习和了解。

而为了能在后续的过程中帮助大家更好地走下去，ApplySquare（申请方）也开发了一系列留学相关的互联网产品。大家可以通过登录网址：www.applysquare.com，或者扫描下方二维码下载手机 app 来进行体验。

在这众多产品中，想着重为大家推荐两款：

一是我们利用申请方庞大数据库中的海量申请案例，结合申请方咨询团队近十年的留学申请经验，开发了针对美国留学申请的选校测评工具。通过输入自身背景情况，系统就会自动为你生成选校列表，并根据申请难度划分档次，形成一套切实可行的选校策略，为你的申请保驾护航。赶紧扫码体验：

二是我们最新推出的"学业GPS——硕博申请版"。通过输入申请目标和自身背景经历，系统会自动生成诊断报告，让你清楚看到自己和目标的差距以及需要提升的部分，为自己的长期规划找到方向。同时，系统还会根据你填写的内容为你生成一份可以用于申请的英文简历。而随着你在成长的过程中不断完善自己的档案，你的诊断报告和简历也会自动进行更新，使你明确自己成长的轨迹。赶紧扫码体验：

除了互联网产品之外，申请方咨询团队还建立了一个专门针对留学申请群体的微信公众号，每周一次推送最新的留学咨询、申请指南以及福利活动。只要你有留学申请的需求，相信一定可以在这里找到你需要的内容，欢迎扫码关注：

当然，如果你对自己的专业不够了解，对自己的申请没有信心，我们同样可以提供有价值的留学咨询服务。我们始终认为，留学咨询真正的卖点从来不该是信息不对称带来的优势以及一些简单的申请经验的积累，真正能产生价值的其实是对于不同领域申请而给出的真正专业的指导，而这也正是我们一直

以来引以为傲的资本。我们为每一个服务的学生匹配相应申请方向的海外专业监管提供咨询服务，他们或者是海外的高年级 Ph.D.，或者已经在海外从事相关领域多年，在专业上拥有绝对的话语权。也只有这样，才能真正意义上从专业的角度指导申请。如果你对我们的服务感兴趣，欢迎扫码预约：

最后，非常感谢在本书完成过程中提供灵感创意、编写设计以及担任内容顾问的各位：

监制：王刚
顾问：龚绮、杨宇舒、胡皖琪
漫画创意与文案：翟玉博、郝壮
漫画绘制：谭方骏、熊馨
内容主笔：谭彦卿、白凯伦、江帆
项目统筹：隗璐

祝各位申请顺利！

图书在版编目（CIP）数据

罢特哥讲北美研究生申请：讲科学的道理 / 申请方 著. — 北京：中国青年出版社，2017.11
　ISBN 978-7-5153-4974-9

Ⅰ.①罢… Ⅱ.①申… Ⅲ.①高等学校—留学教育—美国—图集 Ⅳ.①G649.712.8-64

中国版本图书馆CIP数据核字(2017)第265076号

责任编辑：彭　岩　刘晓宇

*

中国青年出版社出版 发行

社址：北京东四12条21号　邮政编码：100708
网址：www.cyp.com.cn
编辑部电话：（010）57350407　门市部电话：（010）57350370
北京富诚彩色印刷有限公司印刷　新华书店经销

*

880×1230　1/32　6.125印张　150千字
2018年1月北京第1版　2018年1月北京第1次印刷
定价：30.00元
本书如有印装质量问题，请凭购书发票与质检部联系调换
联系电话：（010）57350337